고난의 5년
100년의 기초를 놓다

"특별새벽부흥축제를 통한 성령의 역사하심"

시화임마누엘 교회 2018-2022년 까지

시화임마누엘 교회

목차 contents

고난의 5년 100년의 기초를 놓다
"특별새벽부흥축제를 통한 성령의 역사하심"
시화임마누엘 교회 2018-2022년 까지

고난의 5년, 100년의 기초를 놓다 _ 시화임마누엘 교회 2018-2022년까지

c·o·n·t·e·n·t·s

004   지나간 5년 앞으로의 100년을 꿈꾸며
           (발간사)

008   시화임마누엘 교회 목회 철학
           "교회가 이긴다!"

010   **1부   예배**
                "예배가 생명이다!"

048   **2부   기도**
                "기도는 죽지 않는다!"

088   **3부   섬김**
                "좋은 이웃이 되겠습니다!"

100   **4부   선교**
                "땅끝까지 복음을 전하라!"

114   **5부   사랑**
                "사랑은 행동이다!"

132   **6부   소망**
                "100년을 이어갈 다음 세대"

160   **7부   열 번째 2022 가을 42일 특별새벽부흥축제 설교**

발간사 Publisher

지나간 5년
앞으로의
100년을 꿈꾸며

"그래도 나는 이 길을 간다!"

교회가 넘쳐나고 목사들의 설교가 넘쳐흐른다.
사람들은 좋은 교회를 찾아 유랑하고 짧고 쉽고 마음을 혹하게 하는 설교에 매료되어 있다. 그들은 더 짧고 더 자극적이고 더 쉬운 방법만을 찾는다. 이런 현실 속에서 목회자는 지쳐가고 실패에 대한 두려움은 커져만 간다. '기독교의 본질은? 예수님이라면 어떻게 하셨을까?' 따위는 사치스러운 이야기가 되었다.

성공과 번영의 신학, 부흥과 축복의 신앙이 미쳐 날뛰는 시대.
나도 별반 다르지 않은 목회를 추구하며 살아왔다. 그렇게 지나온 30년, 그리고 이곳에서의 5년 동안, 나는 내려놓는 것, 덜어내는 것, 죽어야 사는 것을 배웠다. 성공과 부흥의 방법론과 모델, 그리고 테크닉을 추구하고 살았음도 고백한다. 하나님보다 자신을 더 신뢰하며 살아온 젊은 날들이 후회스럽다. 화려한 예배당, 많은 교인 수 넉넉한 재정을 꿈꾸던 시절이 부끄럽기만 하다.
이제 많이 남지 않았다. 말씀과 기도로 이 남은 길을 마치려 한다. 말씀대로 사는 것, 기도하는 것, 그 길이 결코 쉽지 않은 길이지만 그래도 나는 이 길을 간다.

목회에 성공은 없다는 말이 있다. 스트레스와 탈진 비난과 억울한 누명 절망과 낙심 그리고 코로나19 팬데믹 속에서도 우리는 예배를 중단하지 않았다. 모든 교회가 그랬겠지만, 우리 역시 말로 할 수 없는 혹독한 고난의 시간을 보냈다. 그러나 코로나로 인하여 안 한 것은 없었다. 오히려 더 많은 시간을 기도하기로 작정했고, 더 많이 울부짖고 더 많이 엎드리는 시간을 보냈다.

발간사 Publisher

코로나의 중심에 있었던 2020~2021년 우리는 봄철 21일, 가을철 42일을 하던 특별새벽부흥축제를 봄철, 가을철 모두 42일로 강화했다. 그리고 2022년 열 번째 특별새벽부흥축제를 맞았다. 이 기도의 시간은 우리 교회가 단단해지고, 정예화되는 정련과 단련의 시간이었다. 우리만 코로나가 피해서 갔던 것이 아니다. 우리는 코로나를 가로질러 전진했다. 우리는 코로나 가운데 강력한 성령의 도우심과 역사하심을 경험했다.

이 시간은 다 말할 수 없지만 예상하지 못했던 문제와 사안들을 능히 이길 힘을 비축하는 시간이었다. 오직 말씀과 기도만 이 모든 것을 가능하게 하는 것이다.
그래서 나는 이 길을 멈출 수 없다! 나는 오늘도 이 길을 간다! 말씀밖에 넘어가지 않고 기도보다 앞서지 않으며 끝까지! 나는 언젠가는 결국 역사의 뒤안길로 사라질 것이다. 그러나 교회는 남아야 한다. 우리 후손들은 이 교회를 통해서 하나님을 만날 것이다. 나는 하나님의 신실하심을 믿는다. 그래서 기초를 놓으려 한다. 더 충성하지 못함에 송구한 마음이 든다. 더 잘하지 못함은 내 능력의 한계이다. 목회 35년 이곳에서의 5년이 결코 쉽지 않았고 아직도 해결해야 할 문제들이 산적해 있다. 어쩌면 내가 은퇴할 때까지도 다 해결하지 못할지도 모르겠다. 지나고 보니 모든 일에, 모든 곳에 하나님의 은혜가 있었다. 그리고 나를 믿고 신뢰해준 사람들이 있었다.

먼저 목사 아내로 살면서 굳은 신뢰로 곁에서 견뎌준 아내와 평생을 목사의 자녀로 살며 인내해준 자식들에게 감사를 전한다. 그리고 이 어려운 시기를 함께해 준 동역자들

(김목사, 박목사, 전목사, 신전도사, 심전도사, 정전도사)에게 진심으로 감사하다. 특별히 원고 정리에 밤을 새워준 박목사의 노고를 치하하며 감사를 전한다. 그리고 책이 나오기까지 노심초사해주신 이즈컴의 석지훈 실장님과 오병이어에게 감사한다.

또한, 교회의 어른으로 모범이 되신 원로장로님(신정현장로)과, 지금도 보이지 않는 곳에서 헌신하시는 명예장로님들(김성희장로, 나재희장로, 임한문 장로, 장정숙장로) 모든 일에 순종하며 충성하는 열 분의 시무장로님(강용대장로, 이태인장로, 최혜경장로, 강용덕장로, 권혁준장로, 박주철장로, 함화식장로, 박은선장로, 박창수장로, 반용일장로)들과 함께해 준 모든 성도들에게 마음 깊이 감사드린다.

그리고 이제까지 이끌어 주신,
그리고 이 길에 끝까지 함께하실
우리의 고난의 5년을 희망의 100년이 되게 하실 하나님께
모든 영광을 돌린다.

2023.1.26. 눈 오는 목요일 오후에
시화임마누엘 교회 담임목사 전영기

시화임마누엘 교회 목회 신학

1. 오순절 성령의 목회

성령의 임재는 교회와 제자를 만들어 세계 복음화와 구원의 도구가 되었습니다. 지금은 성령 시대입니다. 성령의 도우심과 인도하심으로 목회하는 교회입니다.

2. 인재양성의 목회

사람이 할 수 있는 일 가운데 가장 크고 위대한 일은 다음 세대의 인재를 양성하는 일입니다.

3. 노년세대를 위한 목회

과학의 발달로 100세 시대를 살아가는 이때에 교회는 반드시 노년에 대해 준비를 해야 합니다. 그것은 미래인재 육성과 동일하게 중요합니다. 이 일을 위해서 교회는 준비하고 헌신해야 할 것입니다. 지역 어르신들의 건강을 위한 의료기관 협력은 물론이고 교회 내에서 경로잔치나 효 세미나를 통해 노인들의 자존감을 높여주고 영적 자부심을 높이는 것이 교회가 해야 할 사명입니다.

4. 지역사회와 함께하는 목회

마틴 루터는 사회를 외면한 교회를 하나님은 외면하신다고 말했습니다. 지역사회와 함께 발전하고 부흥하는 교회가 되어야 합니다.

5. 가정 구원을 우선시하는 목회

가정은 하나님이 주신 작은 천국입니다. 한 영혼을 통해 가정이 구원받을 때까지 열과 성을 다합니다. 가족 간의 교류가 부족한 시대에 가족이 함께 공유하고 실천할 수 있는 프로그램을 제시합니다. 또한, 국가 공휴일에는 교회 행사를 자제합니다. 가정과 가족이 함께하는 시간을 최대한 장려하고 있습니다.

6. 말씀 중심의 목회

말씀은 하나님이시며 (요1:1), 진리이고 생명이신 예수님입니다. 하나님께서는 말씀을 벗어나 말씀 밖으로 넘어가지 말라고 하셨습니다. 바른 말씀, 가감이 없는 말씀, 살리는 말씀을 공급하는 것이 참 목자의 사명입니다.

7. 기도의 목회

하나님의 사람은 기도보다 앞서지 않습니다. 사람이 기도하면 하나님께서 일 하십니다. 더디 이루어지는 것 같지만 우리가 기도한 것은 반드시 응답하십니다.

8. 평신도 동역의 목회

평신도 한 사람의 재능과 은사는 교회를 부흥케 하고 하나님 나라를 확장하는데 크게 쓰임 받으며 평신도나 목회자의 조력자가 아닌 동역자로서의 쓰임 받도록 함께 하여야 하고, 할 수 있도록 재능과 은사를 개발시켜줘야 합니다.

9. 베풂과 나눔의 목회

교회는 지역사회와 불신자들에게 예수의 사랑과 구원을 나눠 주는 곳입니다. 성도가 축복받아야 하는 가장 중요한 이유는 이웃에게 나눠주고 베풀어 주고 섬기며 복음을 증거 하기 위함인 것입니다. 축복이 머물지 않고 흐르는 교회, 나눠 주는 성도가 복 받은 성도입니다.

10. 미래의 목회

신앙은 생명입니다. 그래서 성장하고 성숙해야 합니다. 새 꿈과 비전을 제시하여 정체하지 않고 늘 새롭고 열정 있는 미래의 삶으로 인도합니다.

예배 "예배가 생명이다!"

예배를 중단하지 않고 예배를 해야 하는 이유는 두 가지입니다.
그것이 교회의 정체성이기 때문입니다. 예배 없는 교회가 교회입니까?
예배는 생명입니다. 예배가 교회입니다. 예배가 성도입니다.
더 중요한 것이 있습니다. 또 하나는 지금 우리 우리는 기도가 필요합니다.
우리에게는 사명이 있습니다. 이것은 우리의 영역 밖입니다. 우리의 생각 밖의 일입니다.
삼만 이천 명에서 삼백 명으로 그리고 그 삼백 명으로 십삼만 오천 명을 이기려면
하나님의 은혜가 필요합니다. 그래서 예배하는 일을 쉬어서는 안 됩니다.
여러분 예배가 생명입니다. 단단해지십시오. 견고해지십시오. 흔들리지 마십시오.
세상 풍조는 나날이 갈리어도 나는 내 믿음 지키리니!

(2020.8.23. 하나님의 없는 성공 – 폐망이다! 설교 중에서)

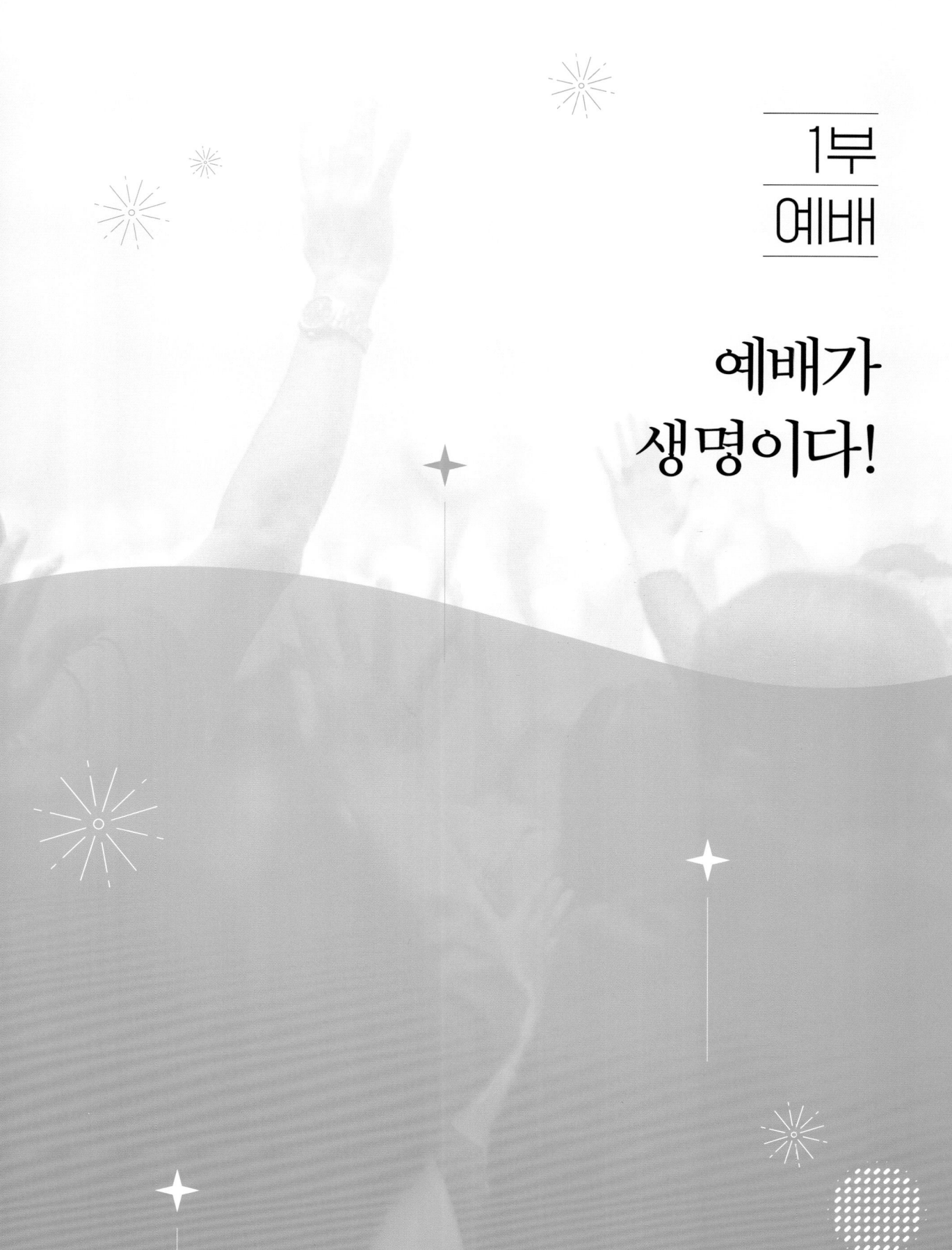

1부 예배

예배가 생명이다!

송구영신예배

2019~2020 송구영신예배 "성령의 능력이 말과 일 표적과 기사로 역사하는 교회"
(롬 15:18-19)

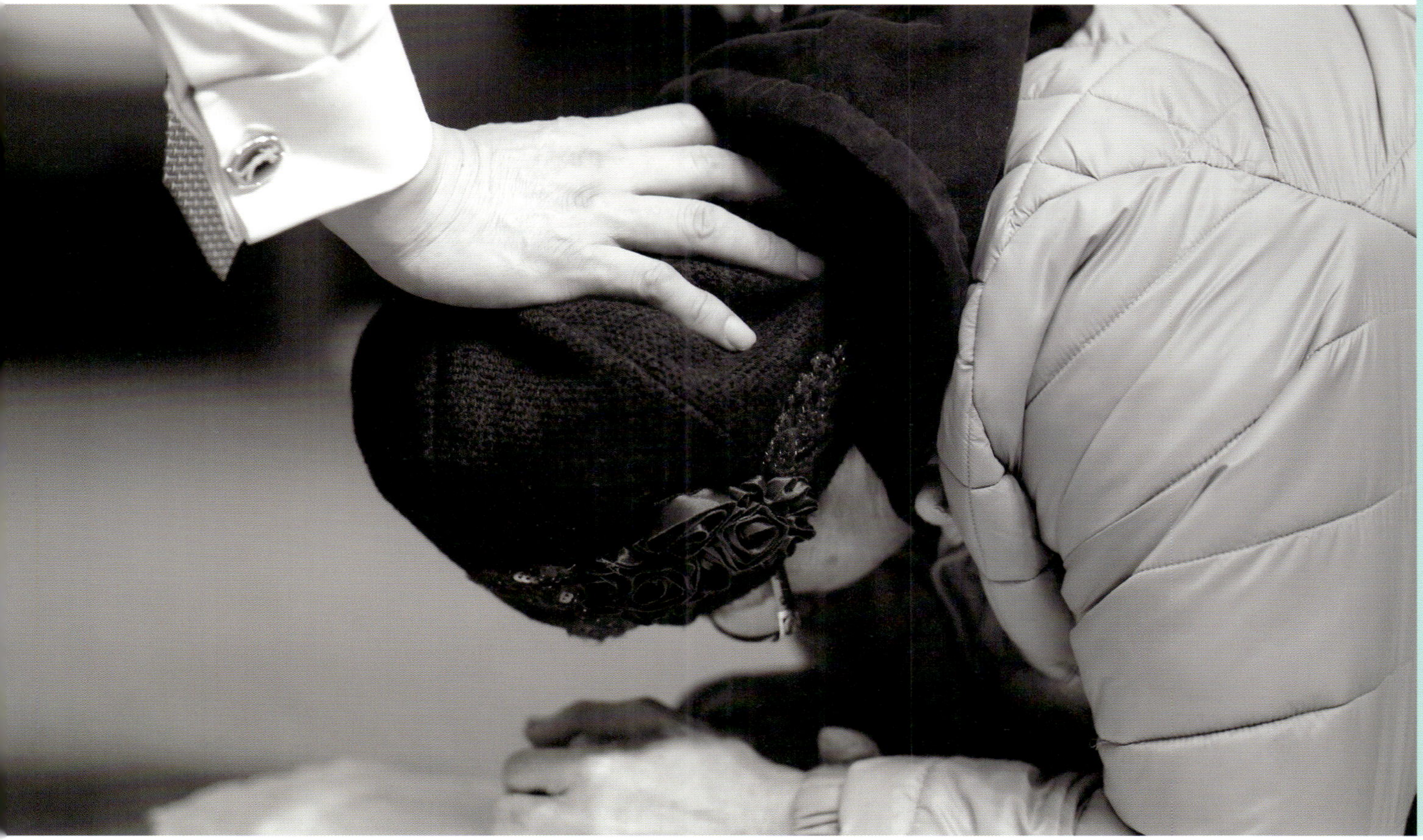

고난의 5년, 100년의 기초를 놓다 _ 시화임마누엘 교회 2018-2022년까지

| 1부 | 예배 "예배가 생명이다!"

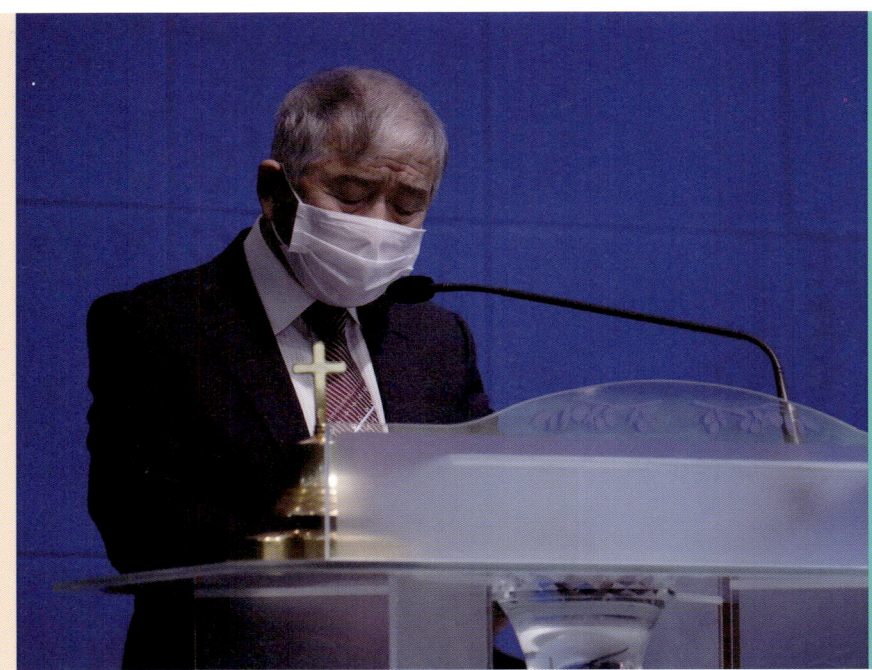

2020-2021 송구영신예배
"오직 성령 안에서 빛 된 교회 소금 된 가정 향기 나는 성도" (마 5:13-16 / 고후 2:15)

고난의 5년, 100년의 기초를 놓다 _ 시화임마누엘 교회 2018-2022년까지

2021-2022 송구영신예배
"오직 성령으로 행하는 교회 변화된 가정 열매맺는 성도" (갈 5:22-23)

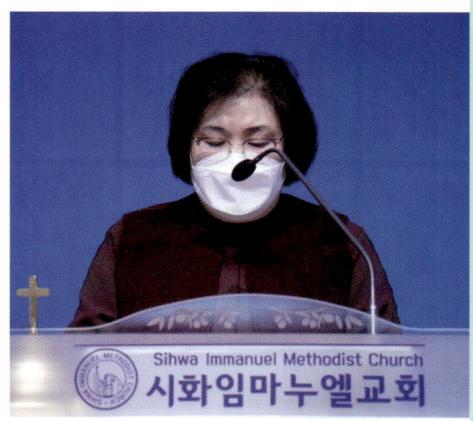

| 1부 | 예배 "예배가 생명이다!"

2022-2023 송구영신예배
"오직 성령의 도우심으로 사는 성도
행하는 가정
하나님의 영광을 구하는 교회"
(갈 5:25-26)

월삭새벽예배

"월삭 (月朔) – 초하루 (월삭)가 될 때마다 시간과 계절을 주관하는 하나님을 경배합니다."
2017-2022

자녀주일

매월 첫 주일 자녀주일로 지킵니다. "기도하는 자녀는 망하지 않는다!" 2017-2022

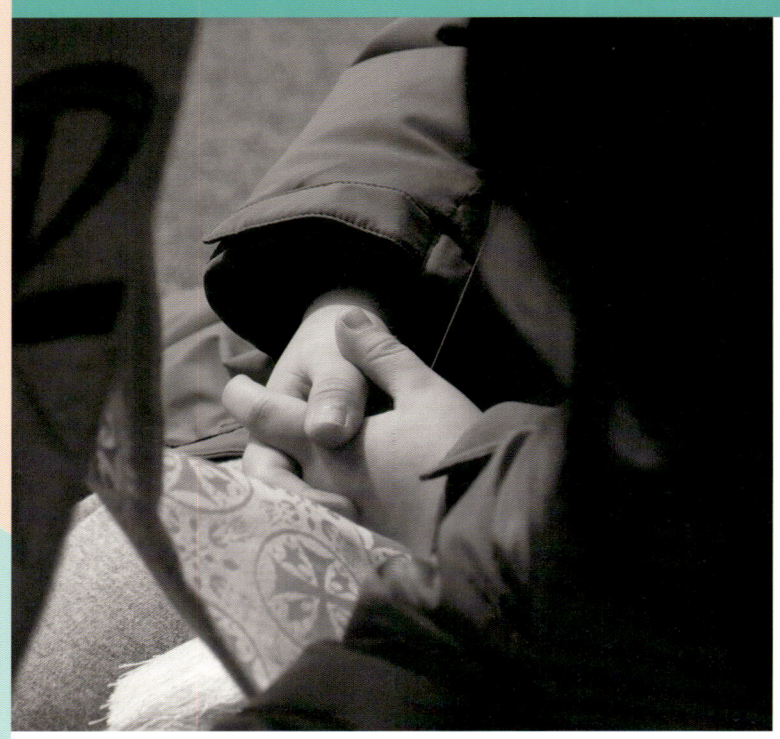

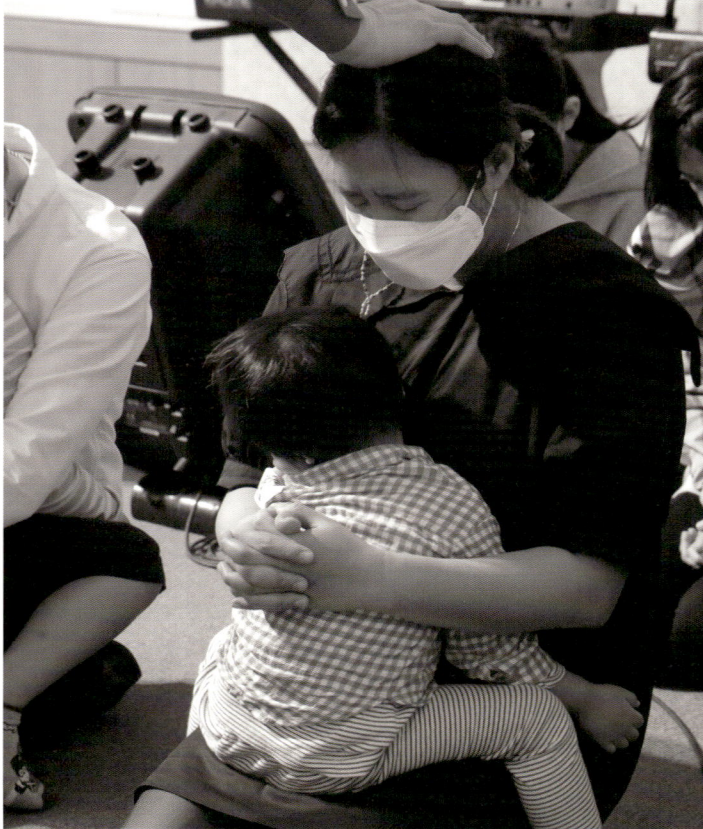

고난의 5년, 100년의 기초를 놓다 _ 시화임마누엘 교회 2018-2022년까지

021

| 1부 | 예배 "예배가 생명이다!"

부활주일

2019.4.21. 꼭 경험해야 할 "함께하심"
(눅 24:13-27, 30-35)

2020.4.12. 부활을 향하여 살라! (고전 15:12-19, 29-34)

| 1부 | 예배 "예배가 생명이다!"

2021.4.4. 부활의 아침에 하신 말씀!
(요 20:19-20)

2022.4.17. 만약 부활이 없다면? (고전 15:1-19)

맥추감사주일
2019.7.12 감사는 그리스도인의 기본이다! (시 136:1)

고난의 5년, 100년의 기초를 놓다 _ 시화임마누엘 교회 2018-2022년까지

2020.7.12 어리석은 자의 감사!
(고후 11:23-30)

| 1부 | 예배 "예배가 생명이다!"

2021.7.12 맥추절의 믿음을 지켜라! (출 23:14-17)

고난의 5년, 100년의 기초를 놓다 _ 시화임마누엘 교회 2018-2022년까지

추수감사절

2019.11.17. 감사의 목소리로!
(욘 2:1-10)

고난의 5년, 100년의 기초를 놓다 _ 시화임마누엘 교회 2018-2022년까지

2020.11.15. 그 아홉은 어디에?
(눅 17:11-19)

| 1부 | 예배 "예배가 생명이다!"

2021.11.21. 감사로 기적을 경험하라! (마 14:13-21)

고난의 5년, 100년의 기초를 놓다 _ 시화임마누엘 교회 2018-2022년까지

2022.11.20. 감사뿐인 인생! (시136:1)

| 1부 | 예배 "예배가 생명이다!"

성탄예배 & 성탄 발표회
2018.12.25 세상에서 가장 귀한 선물

2019.12.25. 큰 기쁨의 좋은 소식! (눅 2:8-14)

| 1부 | 예배 "예배가 생명이다!"

2020.12.25.주의 길을 예비하라! (눅 3:3-6)

2021.12.25. 성탄의 비밀! (마 2:1-11)

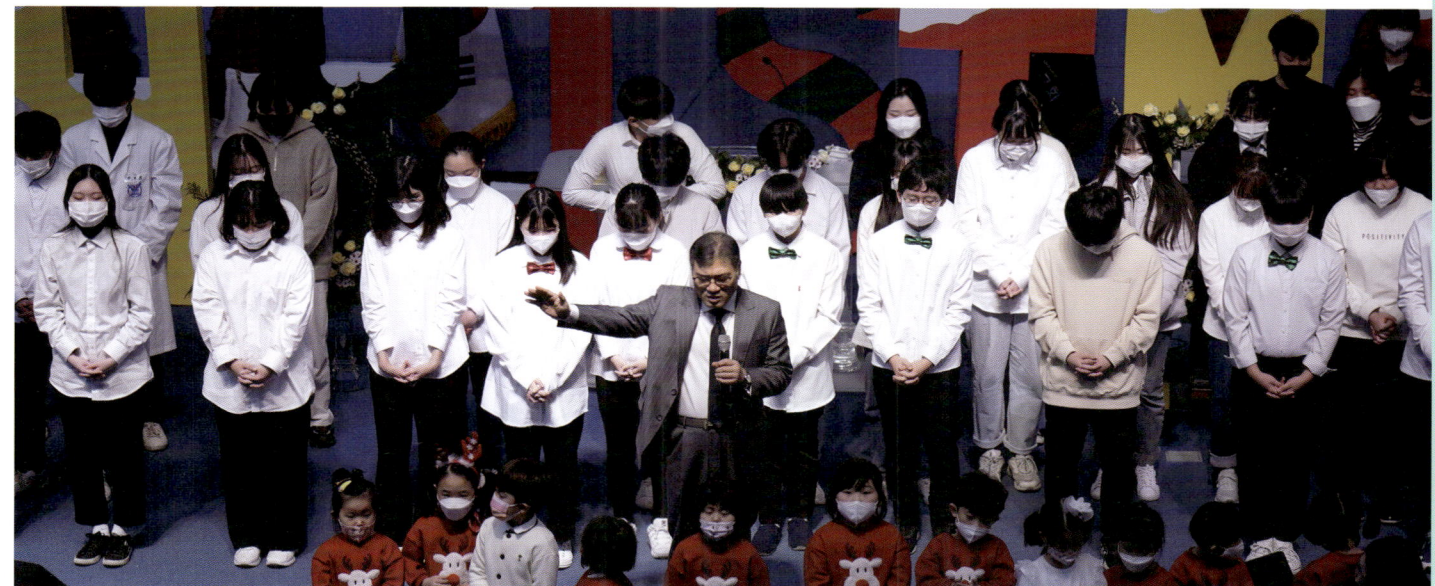

| 1부 | 예배 "예배가 생명이다!"

2022.12.25. 큰 기쁨의 좋은 소식! (눅 2:8-14)

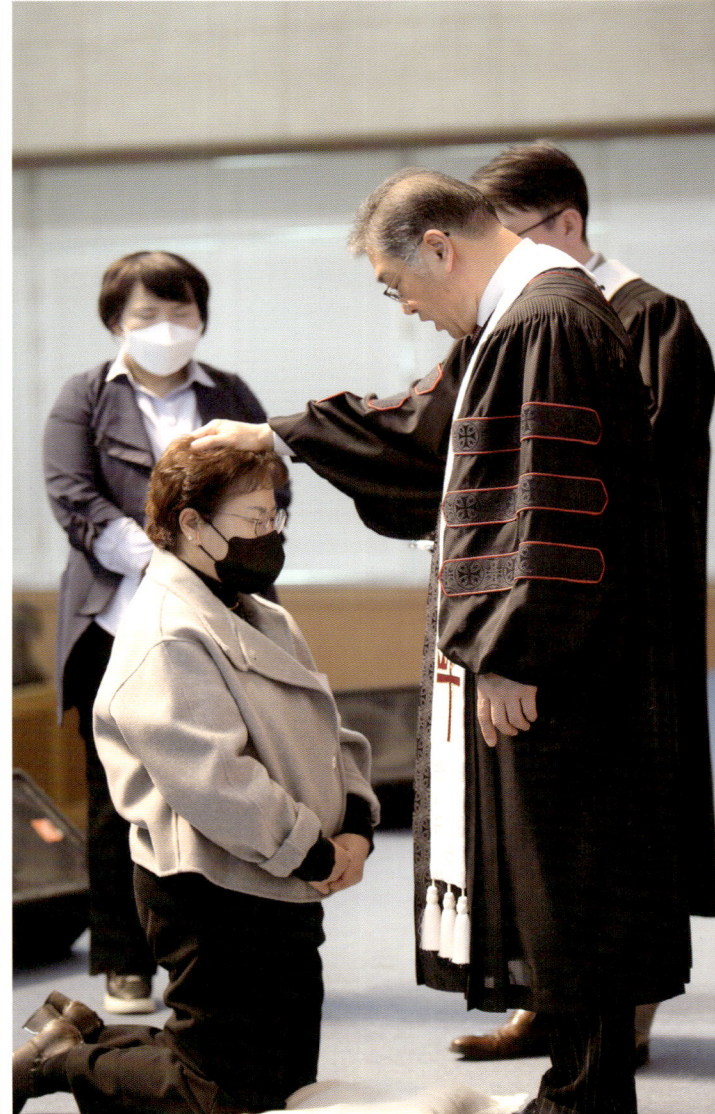

임원 취임 감사 예배

2019.5.26 장로은퇴 · 취임 및 신천임원 취임 감사예배

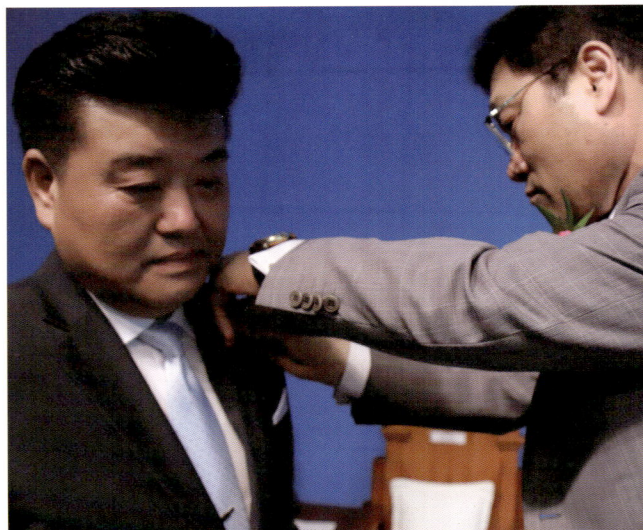

고난의 5년, 100년의 기초를 놓다 _ 시화임마누엘 교회 2018-2022년까지

| 1부 | 예배 "예배가 생명이다!"

2020. 5.24 신천임원 취임 감사예배

고난의 5년, 100년의 기초를 놓다 _ 시화임마누엘 교회 2018-2022년까지

2021.5.30. 장로취임 및 신천임원 취임 감사예배

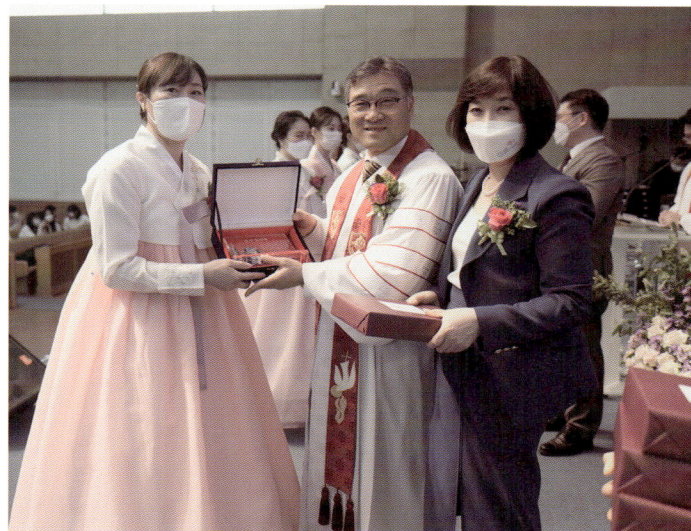

| 1부 | 예배 "예배가 생명이다!"

2022. 5.22
장로취임 및 신천임원 취임 감사예배

고난의 5년, 100년의 기초를 놓다 _ 시화임마누엘 교회 2018-2022년까지

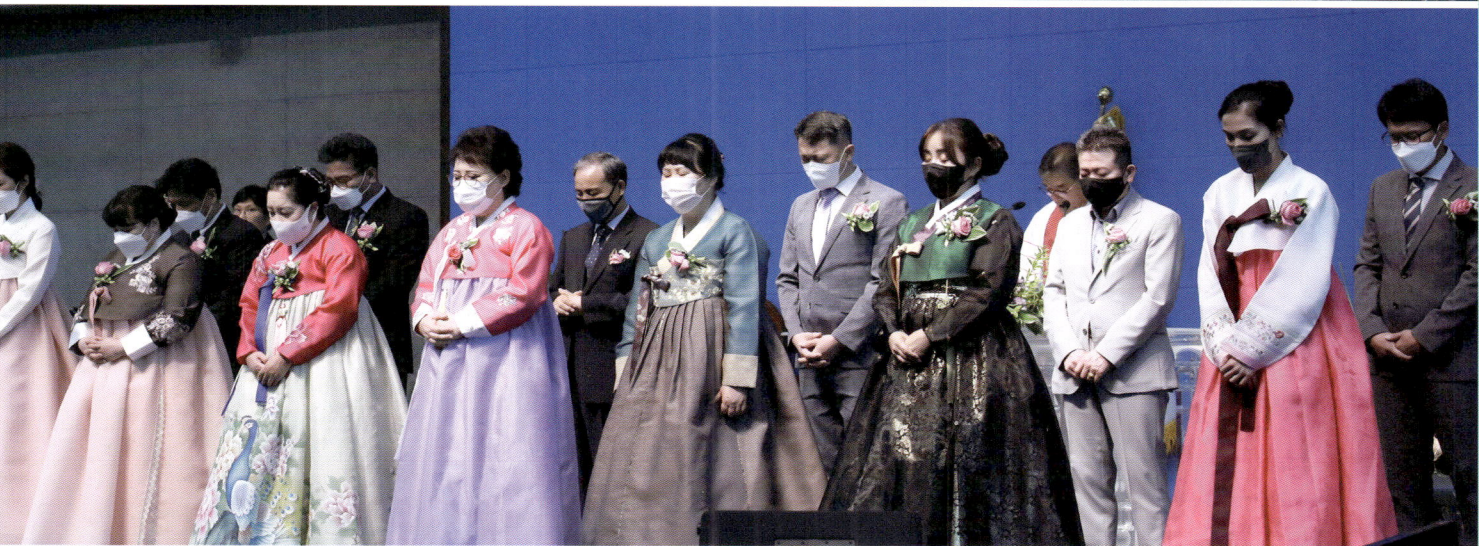

045

| 1부 | 예배 "예배가 생명이다!"

저녁예배 (2017-2022)

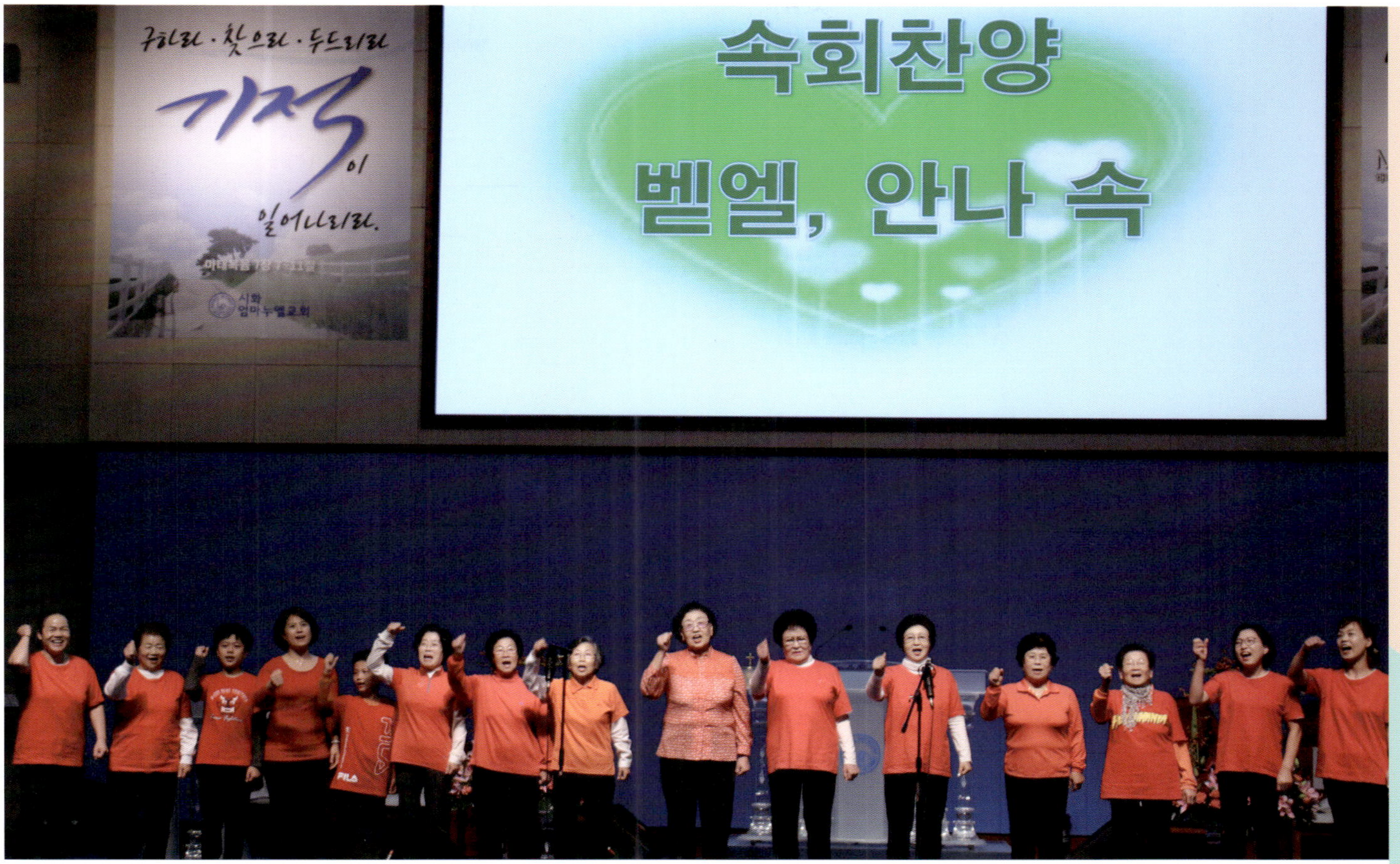
구하라 · 찾으라 · 두드리라
기적이 일어나리라.
시화 임마누엘교회
속회찬양
벧엘, 안나 속

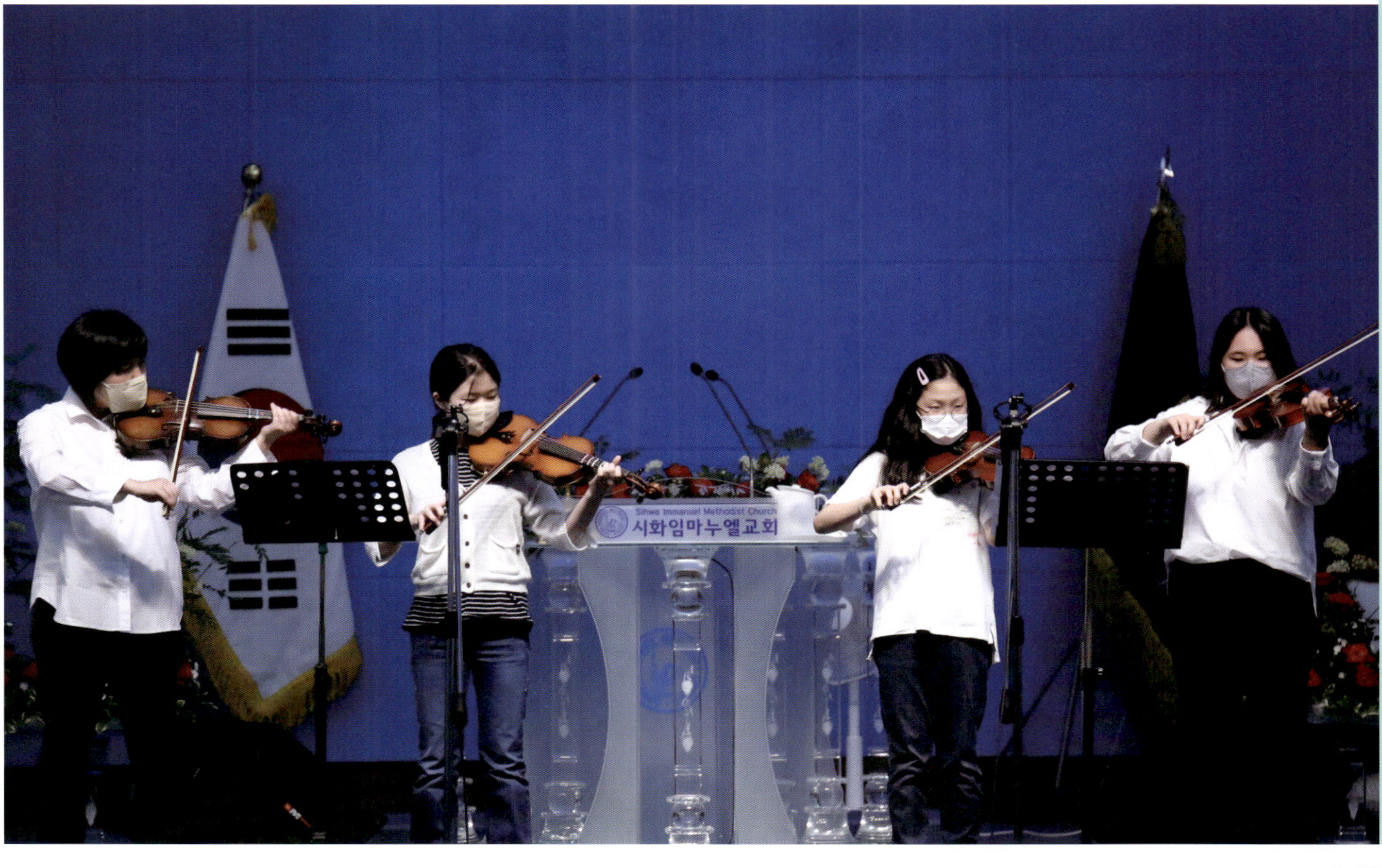
Sihwa Immanuel Methodist Church
시화임마누엘교회

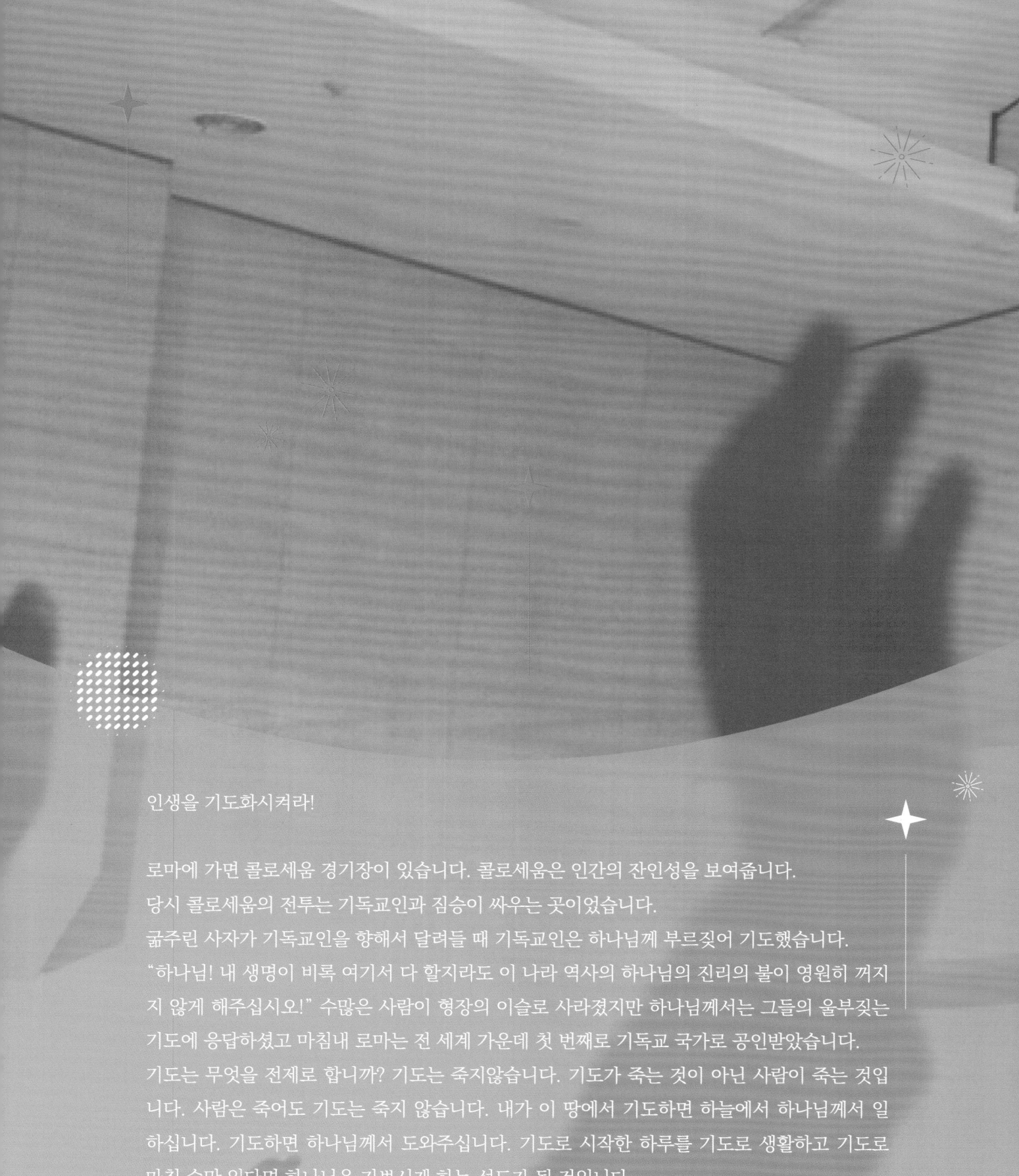

인생을 기도화시켜라!

로마에 가면 콜로세움 경기장이 있습니다. 콜로세움은 인간의 잔인성을 보여줍니다. 당시 콜로세움의 전투는 기독교인과 짐승이 싸우는 곳이었습니다.
굶주린 사자가 기독교인을 향해서 달려들 때 기독교인은 하나님께 부르짖어 기도했습니다. "하나님! 내 생명이 비록 여기서 다 할지라도 이 나라 역사의 하나님의 진리의 불이 영원히 꺼지지 않게 해주십시오!" 수많은 사람이 형장의 이슬로 사라졌지만 하나님께서는 그들의 울부짖는 기도에 응답하셨고 마침내 로마는 전 세계 가운데 첫 번째로 기독교 국가로 공인받았습니다.
기도는 무엇을 전제로 합니까? 기도는 죽지않습니다. 기도가 죽는 것이 아닌 사람이 죽는 것입니다. 사람은 죽어도 기도는 죽지 않습니다. 내가 이 땅에서 기도하면 하늘에서 하나님께서 일하십니다. 기도하면 하나님께서 도와주십니다. 기도로 시작한 하루를 기도로 생활하고 기도로 마칠 수만 있다면 하나님을 기쁘시게 하는 성도가 될 것입니다.
(2020.11.8. - 세계적인 성도, 세계적인 교회!!! 설교 중에서)

2부 기도

기도는 죽지 않는다!

특별새벽부흥축제

첫 번째 21일 특별새벽부흥축제 (2018.3.12.-4.1)
"가족과 함께, 기도와 함께, 예물과 함께, 응답과 함께, 전도 대상자와 함께 기쁨으로 시작하고 감사로 진행하며 승리로 완주하자!

두 번째 목적 40일 특별새벽부흥축제 (2018.10.21.-11.30)
사명을 위하여! 한 영혼을 위하여! 교회 부흥을 위하여! 자기성찰을 위하여! 대학입시를 위하여! 취업 준비를 위하여!

2018.11.20.

기도하면 살려주신다!

송우일 집사

기도가 절실히 필요함에도, 사는 게 바쁘다는 핑계로 기도하지 못했었습니다. 미지근한 신앙생활의 연속이었던 그러던 중, 담임목사님께서 "죽을 병, 살 기도!"란 제목의 말씀을 듣게 되었습니다. '하나님은 절망적인 상황에서도 기도하면 살려주신다! 기도가 방법이다! 망한 자를 세워주신다!'

말씀을 선포하실 때 제 마음에 결단이 생겼습니다.

매일 매일 특별새벽기도회가 거듭될수록 나를 위한 기도만 하는 것이 부끄러워졌습니다. 예배의 중심, 교제, 신앙 성장의 변화, 섬김, 선교 등 5가지 중에 그 어느 것 하나 내 삶에 제대로 된 것이 없었습니다. 그래서 모든 말씀이 나에게 주시는 하나님의 말씀 같았습니다. 그 가운데 겸손하지 않은 자신을 발견했습니다. 함께 성가대를 하고 있지만 인사하는 사람에게만 인사하고, 교회에 출석한 지 14년이 되었는데도 여전히 섬김을 받으려는 모습을 발견하게 되었습니다. 하나님의 말씀에 너무 창피하고 머리를 들 수가 없었습니다. 이제부터라도 한 분, 한 분에게 관심을 가지고 인사해야 겠다는 결심했습니다.

또한 특별히 특별기도회 기간에도, 아내 신집사를 잊지 않고 찾아와 주시고, 갈급한 마음으로 금식기도 해주시던 집사님들, 중보기도 해주시고, 김장 김치를 나누어주셨던 권사님들께 감사를 드립니다.

또한 담임목사님께 감사를 드립니다. 특별새벽부흥회 기간에 받았던 담임목사님의 안수 기도가 지치고 무력한 생활에 다시금 성령의 충만함을 느꼈습니다. 담임목사님께서 '완주가 아닌, 성장이며 성숙이 목표이다!'라고 하신 말씀이 인상 깊게 와 닿았습니다. 이제 특별 새벽기도를 마치며, 내 삶의 중심이었던, 나를 다시 한번 내려놓고 하나님의 목적에 따라 살아가고 노력하는 저 자신이 되기를 소망합니다.

세 번째 21일 특별새벽부흥축제 (2019.4.1.-4.21)
너 하나님의 사람아! 믿음으로 역전하라!

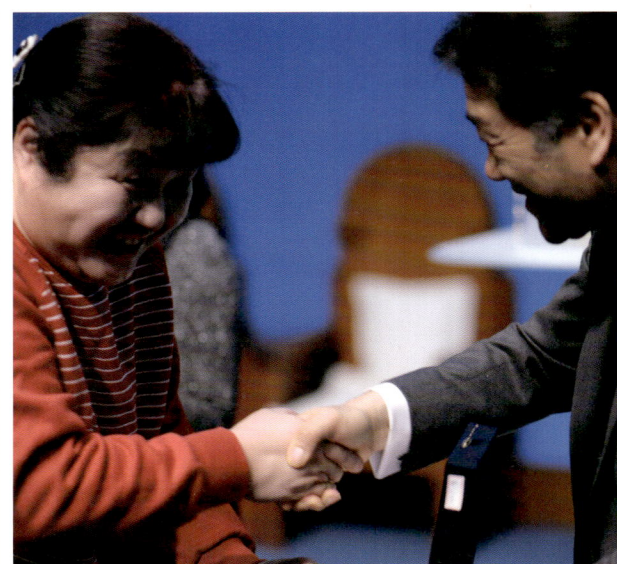

고난의 5년, 100년의 기초를 놓다 _ 시화임마누엘 교회 2018-2022년까지

2019.4.25.

이것이 은혜받는 것이 아닐까?

문정원

저는 2년 전부터 어머니를 따라 특별새벽부흥축제가 있을 때마다 참여하였습니다. 그런데 이번 사순절 특별새벽부흥축제는 특별히 기억되는 도전이었습니다.

저는 담임목사님께서 설교하실 때 '은혜받는다.'라고 하시는데 저는 그것이 어떤 것인지 잘 몰라 꼭 경험해 보고 싶었습니다. 그래서 강요가 아닌 스스로 끝까지 새벽기도를 완주하기로 결심했고 완주를 했습니다. 물론 어머니의 도움을 많이 받았습니다.

결심을 했지만 매일 새벽에 일어나기 위해서 하고 싶은 것을 참고 일찍 자야 하는 것도, 따뜻한 이불 밖을 나와서 일어나는 것이 너무 힘들었습니다. 그렇게 잠이 덜 깬 모습으로 교회 도착하면 목사님과 권사님들께서 웃는 얼굴로 반겨주시고 피곤할 텐데 이렇게 나왔냐고 칭찬해 주셔서 힘이 나기도 했습니다.

또 이번 특별새벽부흥축제 동안에 담임목사님께서 성경 속 인생역전을 이룬 21명의 사람들에 대해 말씀해 주셨는데 몰랐던 성경의 이야기들을 많이 알게 되었습니다. 특히 요셉과 여호수아의 이야기가 특별히 기억에 남았는데, 저도 요셉처럼, 여호수아처럼 기도하고 성실하게 살면서 하나님과 함께 꿈을 이루는 멋진 사람이 되기를 간절히 기도 드렸습니다.

그렇게 하루하루 특별새벽부흥축제가 끝나갈 때쯤 목사님께서 〈사랑의 쌀 나누기〉에 대해 말씀하셨습니다. 저는 어른들만의 일이라 생각했는데, 어머니께서 동생과 저에게 우리도 같이 참여하자고 말씀하셨습니다. 저에게는 특별새벽부흥축제를 시작할 때 응원하는 뜻에서 한 번도 빠지지 않고 완주하면 사고 싶은 것을 사라고 3만원 씩 받기로 한 용돈이었습니다. 저는 그 돈으로 꼭 갖고 싶었던 레고블록을 사려고 기대하고 있었습니다. 그런데 어쩜 하나님이 준비 하신 것처럼 쌀 한 포 금액과 꼭 맞는지... 저는 아무런 말도 하지 못하고 가만히 있었습니다.

그런데 어머니와 이야기를 하면서 나를 위한 3만원 보다 이웃들과 나누는 3만원이 훨씬 의미 있을 것 같다는 생각을 했습니다. 그래서 동생과 그렇게 하겠다고 말씀을 드렸습니다. 저와 동생의 결단에 어머니께서 "하나님께서 더 큰 것으로 갚아주실 거야" 말씀하셨습니다. 어머니의 기쁜 얼굴과 그 말을 듣는 순간 조금은 아쉬웠던 마음이 기쁨이 되고 뿌듯했습니다. 아마도 이런 느낌이 은혜받는 것이 아닐까? 라는 생각이 들었습니다.

그리고 이렇게 좋은 일에 아버지까지 함께였다면 얼마나 더 좋을까? 하는 생각이 들었습니다. 아직 예수님을 모르는 아버지를 위해서 더 많은 기도를 많이 해야겠다는 생각이 들었습니다.

특별새벽부흥축제를 완주한 것도 기쁘지만 다른 사람에게 사랑을 나눌 수 있어서 좋았습니다. 이번 특별새벽부흥축제를 통해서 은혜와 사랑을 경험할 수 있게 해주신 담임목사님께 감사드립니다. 또 이 모든 것을 가능하게 하신 하나님께 감사드립니다. 앞으로 특별새벽부흥 축제 동안 받은 은혜로 공부 열심히 하고 믿음 생활도 열심히 해서 하나님의 자녀로 살도록 노력하겠습니다. 감사합니다.

네 번째 특별새벽부흥축제 (2019.10.7.-11.17)
삶으로 기적을 노래하라!

2019.11.17.

기도하는 부모가 되겠습니다!

전믿음 집사

저희 부모님이 그러셨던 것처럼, 자녀들에게 기도하는 부모가 있다는 것을 보여주고 싶었습니다. 그리고 자녀들에게 누구보다 힘이 되어 줄 수 있는 부모가 되고 싶어서 이번 특별새벽부흥축제를 결단하여 참석하게 되었습니다. 그런데 첫 4주간 새벽에 일어나는 것이 마음의 결단과 달리 힘들었습니다.

그럼에도 불구하고 매일 새벽 선포되는 하나님의 말씀으로 하루를 시작하고, 하루의 모든 일을 할 때도 새벽기도를 중점에 두고 생활할 수 있었던 점이 새롭게 다가왔습니다. 직장에서는 출장까지 미뤄주시면서 특별새벽부흥축제를 마치라고 하셔서, 더 열심히 했습니다. 시간이 지나면서 마지막 일주일은 정말로 힘들고 지쳐서 그랬는지 이제 끝나는구나 싶었습니다.

22일차 설교인 "그럼에도 불구하고 순종함으로 만든 기적"이라는 설교가 가장 기억에 남습니다. 하나님이 주시는 상황, 직장에서 세상의 기준이 아닌 하나님의 뜻을 찾아서 순종함으로, 하나님의 뜻을 세상에 보여주는 사람이 되고 싶습니다. 그러면서 문득 가족이 가장 먼저 생각났습니다. 저는 40일을 완주하진 못 했지만, 특별새벽부흥축제에 나오는 것을 기뻐하는 딸들과 힘들더라도 순종하려고 노력했던 아내가 생각났습니다. 다음 기회에는 온 가족이 다 참여할 수 있었으면 좋겠다고 소망해 봅니다.

42일 동안 새벽을 깨우시고 은혜로운 말씀을 전해주시려고 노력하시고 준비하시는 담임목사님의 모습에 저희 가정은 큰 은혜를 받았습니다. 42일을 빠지지 않고 기도하도록 하신 하나님께 감사드리며 모든 일이 하나님께 영광 돌릴 수 있는 믿음을 가지도록 더욱 노력하겠습니다. 또한, 자녀들에게 믿음의 본이 될 수 있는 부모가 될 수 있도록 더 노력하겠습니다.

다섯 번째 21일 특별새벽부흥축제 (2020.3.23.-4.12)
믿음이 이긴다!

고난의 5년, 100년의 기초를 놓다 _ 시화임마누엘 교회 2018-2022년까지

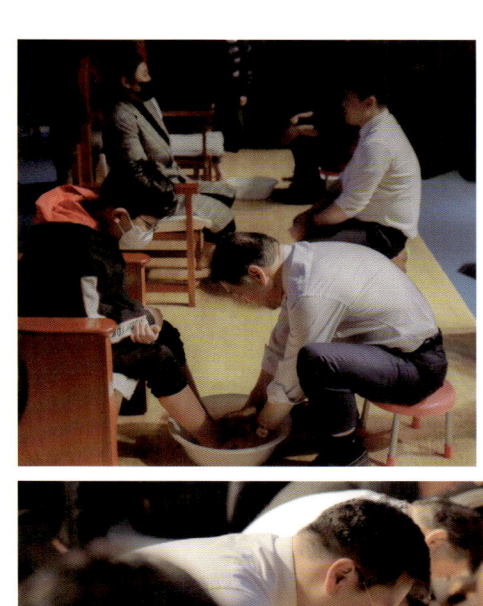

2020.4.19.

모든 것을 하나님께 맡기라!

고수진 청년

할렐루야! 저는 시화임마누엘교회 고수진 청년입니다. 저는 오랫동안 교회를 다니면서 여러 번의 특별새벽기도회가 있었지만, 직업 특성상 교대근무를 하느라 완주를 해본 적이 없었는데, 때마침 부서 이동으로 상근직으로 옮겼고 올해 결혼을 앞두고 있어 인생의 중요한 변화 앞에 하나님께 맡기고 기도해야겠다는 마음이 들어 참석하게 되었습니다.

시작은 했지만, 마냥 순탄치만은 않았습니다. 코로나가 문제가 되어 직장에서 교회 예배 참석도 자제하라고 하였고, 그동안 함께 신앙 생활하던 주위 사람 중에서 현장 예배하는 단 한 사람도 없어서 외롭고 두려운 마음이 들었습니다. 매일 기도회에 나와 하나님 앞에 담대한 마음을 주시고 건강을 지켜달라고 기도하였고, 하나님이 응답하셔서 건강하게 완주하게 되어 하나님께 감사드립니다.

시작할 때는 '기도회에 한 번 참석해봐야지'하는 가벼운 마음이었는데 하루를 예배와 기도로 시작하니 순간순간 하나님이 함께하심을 더 깊이 느낄 수 있었고, "믿음이 이긴다!"라는 특별새벽기도회 주제를 통해 아무리 힘들고 어려운 상황이 와도 믿음의 사람은 하

고난의 5년, 100년의 기초를 놓다 _ 시화임마누엘 교회 2018-2022년까지

나님의 도우심으로 승리한다는 말씀으로 힘과 위로를 얻고 끝까지 완주할 수 있었습니다.

혼자였으면 금방 포기하거나 힘들었을 텐데 목숨을 걸고 말씀 준비하고 전하시는 담임목사님과 새벽에 일어나기 힘들어하는 저를 깨워주신 어머니, 특별 새벽기도 완주를 하겠다고 눈을 비비며 일어나는 초등학생 막내 동생, 항상 그 자리에서 기도의 자리를 지키시는 시화임마누엘교회 가족들과 함께여서 가능했습니다. 이 자리를 빌려 감사한 마음을 전하고 싶습니다. 무엇보다도 이 모든 시간과 장소, 상황과 마음을 허락하셔서 예배하고 기도하게 하신 하나님께 모든 영광을 올립니다.

특별 새벽기도회 시작 전날 밤에 노트에 기도 제목들을 적고 새벽마다 기도하였습니다. 하나님께 걱정과 고민을 숨김없이 고백하였고, 하나님께서 기도의 순간순간 응답하셔서 하나님을 찬양하게 하시고, 하나님의 마음을 알게 하시고, 제 모든 계획을 하나님의 앞에 맡기라는 평안한 마음을 주셨습니다. 제 기도를 들으셔서 하나님의 뜻과 계획안에서 가장 좋은 때와 방법으로 이루실 것을 믿어 기대되고 기쁨이 넘칩니다.

이 귀한 예배와 기도회를 앞으로 함께 믿음의 가정을 이뤄갈 형제와 나누고 싶고, 하나님께서 상황과 마음을 허락하셔서 다음 특별새벽기도회 때는 함께 나와 하나님을 예배하며 같은 제목으로 기도하고 싶습니다.

2020.4.19.

세상을 이기는 승리!

최은선 권사

"믿음이 이긴다!"라는 주제를 듣고 이 어려운 시기에 맞는 말씀 문구이구나 생각하며, 또 어떤 말씀을 우리에게 주실까? 기대되었습니다. 한편으로는 감사가 또 한편으로는 걱정으로 시작하게 되었습니다.

늘 새벽예배를 했었지만 어느 새벽 기도할 때보다도 더욱더 긴장을 했습니다. 코로나로 인해, 모든 것이 정지되어버린 주변을 보며 늘 드리던 예배, 봉사하던 곳에서 아무 것도 할 수 없다는 것이 쓸쓸하기도 했습니다. 이 시기를 보면서 하나님께서 원하시는 것이 무엇일까? 많은 생각도 들었습니다. 시간이 지나면서 죄가 드러나는 사건들을 보며 하나님은 일하고 계신다는 것을 알 수 있었습니다. 저에게도 하나님을 찾지 않는 교만과 욕심, 어리석음을 깨닫는 시간이었습니다.

이번 특별부흥축제를 통해서 히브리서 11장의 믿음으로 세워진 사람들의 삶을 보며 결단하게 하셨습니다. 힘들고 어려운 상황 속에서, 고난과 역경 속에서 믿음으로 이기며 나아가라는 말씀과 우리는 이 코로나로 인해 하나님께서 예배를 어떻게 드리는가? 믿음을 가늠하시는구나 하는 분별력을 주시는 것 같았습니다.

우리의 믿음의 대상이신 하나님께 예배를 드리는 것이기에 이 상황을 이기고 나왔습니다. 그러나 현실은 만만하지 않았습니다. 교회 나가는 것을 가족들이 막아서고 회사에는 동료들이 핍박하고 정부는 교회 예배를 방해하는 겪어보지 못했던 시간이 참으로 힘들고 지치게 하는 영적 싸움임을 느끼기도 했습니다. 주일에 예배드리는 것에 이어 새벽을 나온다는 것이 참으로 힘들 수도 있겠다는 생각이 들었습니다. 민족과 교회와 성도와 가정이 하나님 앞에 나와 예배를 드릴 수 있기를 더욱 기도하게 되었습니다.

담임목사님께서도 갈등하셨음에도 하던 대로 진행하겠다고 하실 때 힘이 되었던 것 같습니다. 기러기 중에 기수에 있는 기러기는 저항받으면서도 이기며 목적지까지 날

아간다고 이야기하실 때 담임목사님이 지금 이끌어가시는 이면에는 상당한 저항을 감내하시며 인도하신 것을 느껴지자 마음이 뭉클하기도 했습니다.

저 또한 가정에서 남편과 자녀들이 교회 나가는 것을 핍박하고 이런 시국에 예배를 드리는 것을 좋게 여기지 않았습니다. 안 그래도 믿음 생활하는 것을 못마땅하게 여기는데…. 교회로 기도하고 인도해야 하는 처지인데…. 이런저런 것에서 갈등이 생기기도 했습니다.

더욱이 함께 믿음을 가지고 가야 할 성도들의 주춤거림이 너무 마음이 아팠습니다. 그러면서 믿음이 이긴다고 하셨지! '무릇 하나님으로부터 난자마다 세상을 이기느니라 세상을 이기는 승리는 이것이니 우리의 믿음이니라' (요일5:4) 말씀을 듣고, 이 상황들을 믿음으로 뛰어넘게 해달라고 기도했습니다. 그리고 말씀을 들은 때마다 믿음으로 이기며 나가게 해 달라고 기도했습니다. 어느 날은 찬양 속에서 '내가 너를 잘 안다.' 하는 하나님의 마음이 느껴지기도 했습니다. 아직 제안에 쓴 뿌리가 남아있는 것을 발견하고 이내 실망하기도 낙심하기도 했지만, 성령님이 저의 믿음을 달아보시며 훈련하시고 변화시키는 특별새벽부흥축제가 되었습니다.

마지막 날 세족식을 준비해주시고 성도를 사랑하시는 우리 교회 목회자님들과 장로님들의 섬김은 감동이었습니다. 끝나는 시간에 또 하나 기적은 우리 속도원 한 분이 가족의 핍박을 뒤로하고 나오게 해주신 것을 주님께 감사하며 제가 권사님의 기도와 관심으로 나왔다고 할 때 기도는 죽지 않기에 끝까지 해야 하는 것을 느꼈습니다. 어려운 상황 속에서도 끝까지 믿음의 모습으로, 은혜로운 말씀으로 인도해주신 담임목사님께 감사드립니다. 영육의 강건함을 위해 끝까지 기도하겠습니다. 믿음과 소망의 이 길을 말씀으로 승리하게 해주실 하나님께 감사와 찬양과 영광을 돌립니다.

여섯 번째 21일 특별새벽부흥축제 (2020.10.26.-11.15)
교회가 이긴다!

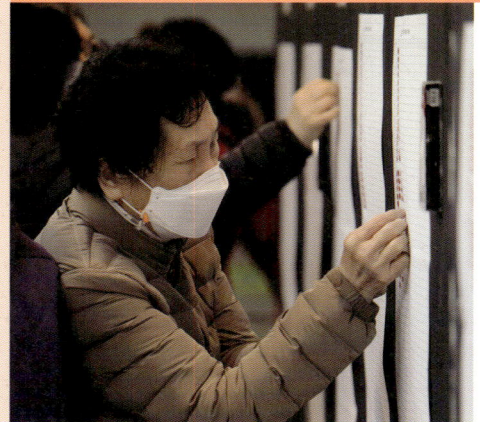

2021.11.15.

성령을 의지하며 살겠습니다!

이종숙 권사

21일 특별 새벽 부흥 축제에 참석해야 한다고 결단을 했었음에도 코로나 19 전염병의 어려운 현실 속에서 마음 한 곳에서는 작은 갈등이 있었습니다. 그러나 순종하는 마음으로 매일 특별 새벽기도에 참석하게 되었고, 사람의 힘으로는 할 수가 없음을 깨닫게 되며 하나님께 기도하게 되었습니다.

어려운 지금의 현실 속에서 '교회가 이긴다' 라는 주제 문구가 가슴에 확 와 닿았고 살 길은 예배 하나밖에 없음을 다시금 깨닫게 되었습니다. 또한 기도 응답의 조건으로 생명 걸고 기도의 양과 하나님의 역사하심을 믿고 믿음의 분량을 채우라고 하신 말씀과 함께 먼저 예배하고 교회를 위해 기도하는 한 사람이 되어야 한다는 말씀이 기억에 남았습니다.

하나님을 믿고 의지한다고 하면서도 지금껏 내 방법과 내 뜻대로 구하며 기도 응답이 빨리 이루어지지 않음에 기도를 쉬면서 편리함대로 살고 있었던 저의 모습을 회개하게 되었습니다. 함께하는 교회학교 선생님들을 위해 중보기도 하게 되었고, 친정 오빠와 삼촌의 구원을 위해서 기도하였습니다. 지금의 중보기도가 눈에 보이는 변화를 가져온 것은 아니지만 단절되었던 관계를 회복시켜주시고 하나님의 때를 기다리며 인내할 수 있도록 은혜주심에 더욱 감사했습니다.

이제는 성령님 의지하면서 헌신의 자리를 묵묵히 지켜나가기를 기도하고 있습니다. 기도의 끈을 붙잡고 주변을 돌아보면서 사랑으로 섬기는 삶이 되기를 소망합니다. 그리고 저의 결단에 앞서 미리 행하시고 준비하시는 하나님의 은혜를 기대합니다.

어려운 현실 속에서도 끝까지 목숨 걸고 단 위에서 생명의 말씀으로 예배의 자리를 지키시며, 삶에서 보여주신 담임목사님께 진심으로 감사를 드립니다. 이 땅의 교회들이 믿음으로 연합하여 하나님의 기적을 증거 하는 사랑의 공동체가 되어서 믿음의 선한 영향력으로 지경을 넓혀나가길 소망하며 하나님 은혜에 감사를 드립니다.

일곱 번째 40일 특별새벽부흥축제 (2021.2.22.-4.4)
은혜가 이긴다!

2021.4.4

더 기도하자!
이것이 주님의 뜻입니다!

유진경 집사

제게 있어서 이번 특별새벽부흥축제는 정말 특별했습니다. 코로나 19로 인해 지친 마음과 예배의 탄압을 받는 현재 상황에서 제가 할 수 있는 건 기도뿐이었습니다. 그래서 더욱더 예배의 자리가 간절했고 말씀과 기도밖에 없다는 믿음으로 참석하게 되었습니다.

주변의 걱정하는 우려의 소리와 아이들까지 데리고 예배드리는 것이 맞는 건지 물어보시는 지인분들의 말을 들으면, 어떤 것이 옳은지 몰라서 마음이 흔들리곤 했습니다. 매일 새벽 담임목사님이 계셨기 때문에 기도하면서 이겨냈던 하루하루였습니다.

주님께서 담임목사님 말씀을 통해 저의 마음을 붙잡아 주셨습니다. 하루하루 말씀을 놓고 헌금을 준비하게 하셨으며 하나님께서 기도를 통해 저를 위로해 주셨습니다. 무너진 예배를 다시 회복하게 해주셨고, 믿음으로 제단을 쌓게 해주심이 너무 감사했습니다. 새벽마다 산본에서 시화까지 찬양을 들으며 운전하는 시간은 오늘 주시는 말씀은 어떤 말씀일까를 기대하는 시간이었습니다. 그리고 돌아가는 길에 담임목사님 말씀으로 기도하면서 세상을 이기는 믿음과 확신이 생겼습니다. 주님과 소통할 수 있는 귀한 21일 새벽이 행복하고 즐거웠습니다.

제가 처한 상황과 생활은 변화되지 않지만, 주님을 향하는 믿음이 조금씩 단단해짐을 느낍니다. 아내로서, 엄마로서, 시화임마누엘 성도로서 줄곧 현실에 부딪히고 쫓기는 생활이었는데, 이제는 은혜가 이긴다는 말씀으로 확신을 두고 생활하게 되었습니다. 어려운 상황 속에서도 '주님이 바라보고 계실 거야. 더 기도하자. 이 또한 주님의 뜻일 꺼야.'라고 생각하면서 저의 생활을 회개하게 되었습니다. 또한, 예배와 말씀과 기도 속에서 다시 회복된 마음으로 그리스도 예수님을 만남이 늘 감사합니다. 특별새벽기도회를 하면서 저의 하루 시간을 무엇보다도 알차고 꽉 찬 시간으로 이어갈 수 있었고

마음에 기쁨과 사랑이 생기니 만나는 사람들에게 기쁨을 전달해주고 주님을 알리고 싶은 마음이 들었습니다.

무릇 하나님께로 부터 난 자마다 세상을 이기느니라 세상을 이기는 승리는 이것이니 우리의 믿음이니라 (요일 5:4)'. 믿음의 선지자들의 말씀을 들으며 진정한 회개와 어떠한 상황 속에서도 예배를 지키고 무너진 제단을 쌓고 나아가는 게 얼마나 귀한 사명인지 본받고 싶습니다. 받은 은혜에 감사하며 삶 속에서 영적 싸움 중에서 믿음으로 승리할 것이라 믿습니다!!

말씀을 들으며 늘 가족 영혼 구원을 위해 기도했습니다. 저희 시아버님, 시어머님, 형님, 친정엄마 모두 주님을 믿는 마음은 있으시지만, 함께 나와 예배드리지 못하고 계십니다. 우리 가족이 진정한 예수님을 영접하고 믿음으로 예배당에 나와 함께 예배드리고 제단을 쌓아 나가기를 기도하고 있습니다.

마지막으로 평상시에 전염병으로 인해서 예배를 못 드릴 수도 있다고 생각해 본 적이 없었습니다. 목숨 걸고 예배를 인도해주시고 영적 싸움과 고난 속에서도 담대하게 말씀 전해주신 담임목사님께 감사드립니다. 비로써 진정으로 바른 예배를 드릴 수 있도록 훈련해 주시고 믿음이 더욱 성장할 수 있도록 기도와 말씀 전달해주심이 제가 시화임마누엘교회를 다니며 누릴 수 있는 축복입니다. 고난 뒤에 축복이 있다는 것을 믿고, 진정한 회개와 예배가 회복되면 주님의 축복이 함께할 거라 믿습니다. 그리고 지금도 살아계시고 일하고 계시는 하나님께 감사합니다.

여덟 번째 40일 특별새벽부흥축제 (2021.10.11.-11.21)
사명자여 일어나라!

2021.11.21

하루하루 참석 할 수 있음이 감사입니다!

장선숙 집사

저희 가정은 특별새벽부흥축제 기간에는 온 가족이 함께 참여하려고 노력했었습니다. 그런데 이번 특별부흥축제가 다가올 때는 마음이 편하지만은 않았습니다. 코로나19로 인해 특별새벽부흥축제에 참석해야 할지 말아야 할지 망설여졌습니다. 그리고 망설이는 저의 모습을 보면서 제 믿음에 대해 다시 생각하게 되었습니다. 사명자여 일어나라는 주제를 보면서 다시 사명을 깨닫고 세워지기를 소망하면서 결단하여 시작하게 되었습니다.

결단을 했지만 세 아이를 깨워서 함께 가는 것이 쉽지만은 않았습니다. 매일 저녁에 옷을 다 입고 자야 겨우 예배 전에 도착할 수 있었기에, 자기 전에 꼭 일찍 일어나야 한다고 다짐에 다짐을 받고 아이들을 재웠습니다. 코로나로 인해 방학이 길어지면서 매일 늦게 자던 아이들이 새벽예배에 가기 위해서 일찍 자고, 깨우면 금방 일어나려고 노력하는 모습이 기특하게 느껴졌습니다. 하루는 "새벽기도 다닐 수 있겠어?" 물어보니 "시작했으니 완주해야죠." 하는 아이들의 말에 저도 용기를 얻을 수 있었습니다.

하루하루 참석할 수 있는 것이 감사했습니다. 코로나로 아이들과 24시간 함께 생활하면서 하루 세 번 식사를 챙기다 보면 하루가 정말 빨리 지나가 버렸습니다. 때때로 지금 뭐 하면서 지내고 있는 건가 하는 허전한 마음이 들 때도 있었습니다. 아이들은 서로 싸우고 다투는 일이 많아져서 혼내고 소리 지르는 일들이 많아지기도 했습니다. 아이들을 위한 기도가 필요함을 알았지만 바쁜 일상 가운데 기도를 잘하지 못하고 있었습니다. 이번 특별새벽부흥축제는 다시 저를 돌아보고 힘을 얻고 기도할 수 있는 시간이 되었습니다. 기도하면서 감사를 고백하게 되었고, 내가 힘든 것 보다 답답해하고 있는 아이들의 마음도 보게 되면서, 마음에 여유를 찾을 수 있었습니다.

생각해보면 저는 하나님의 뜻에 맞는 기도 보다는 제가 원하는 기도를 늘 드렸습니다. 하지만 이번 특별새벽부흥축제에는 나라와 민족을 생각하면서 마음이 아팠습니다. 평범했던 일상들이 다 무너지고 학교에 가야 할 아이들이 가지 못하는 안타까운 마음이 들어 나라와 민족을 위해 하나님의 도우심을 바라보며 기도를 하게 되었습니다. 자신을 위해 기도하던 제가 점점 변화하고 있음에 감사드리게 되는 특별새벽부흥축제였습니다. 기도에 생명을 걸었던 다니엘처럼 기도하는 사람이 되고 싶다는 소망이 생겼습니다. 제 뜻이 아닌 하나님의 마음을 헤아릴 수 있는 믿음의 사람이 되고 싶습니다.
그 어느 때보다도 더 힘드셨을 이번 특별새벽부흥축제에 성도들을 위해 기도하시며 말씀을 준비하시고 선포하신 담임목사님께 진심으로 감사드립니다. 하나님께서 지켜주시고 함께 해 주셨기에 완주할 수 있었음을 고백드립니다. 하나님께 영광을 드립니다.

아홉 번째 40일 특별새벽부흥축제 (2022.3.7.-4.17)
성령의 기름부으심

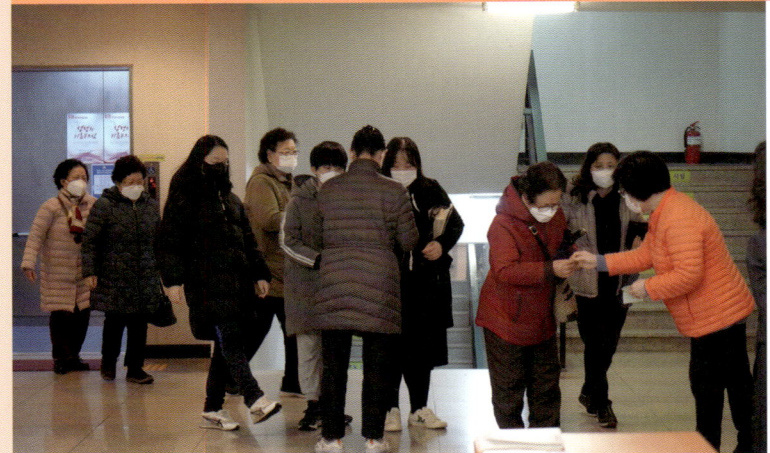

고난의 5년, 100년의 기초를 놓다 _ 시화임마누엘 교회 2018-2022년까지

2022.4.17.

성령의 도우심으로!

김흥태 권사

먼저 이번 특별새벽부흥축제를 완주하게 되어 감사에 영광을 하나님께 올려드립니다. 매번 해마다 새벽부흥축제를 참여할 수 있어서 얼마나 감사한지 모르겠습니다. 예배드리기 힘든 시기에 우리 교회에 축복하여 주심으로 42일동안 특별새벽부흥축제를 통해 예배드릴 수 있도록 인도하여 주심을 감사드립니다.

저희 부부가 하나님의 은혜로 말미암아 카이로스 찬양팀에 속하여 감사하게도 찬양 인도를 하고 있습니다. 새벽에 일어나서 교회로 나아가기가 절대 쉽지 않은 가운데 몸이 좋지 않은 박지영 권사와 함께 할 수 있어서 더욱 감사했습니다. 또한, 찬양 인도와 예배에 집중할 수 있도록 기도로 간구하며 나아갈 때 하나님께서는 직장과 가정에 평화와 형통함을 주시어서 제가 예배에 집중할 수 있도록 역사하셨습니다.

영업에 신경 쓰지 못 한가운데에도 전달보다 더 많은 매출로 마감하게 하시고 도움을 주시는 손길을 보내어 우리 가정을 인도하여 주심에 감사드리고 있습니다. 무엇보다도 하루하루 주신 말씀을 통해 삶의 자리에서 기도할 수 있어서 기쁨이 넘쳐났고 입술에 감사가 끊이지 않았습니다. 앞으로도 새벽예배로 하루를 시작할 수 있는 믿음을 더하여 주시고 성령의 기름 부으심의 은혜가 나와 가정에 넘쳐나기를 간절한 마음으로 기도합니다.

너무나 부족하여 참여하는 데에만 간신히 힘을 다할 수 있어 죄송한 마음이 듭니다. 앞으로는 믿음이 자라고 신앙이 성장하여 온전히 예배드리며 나아가기를 꿈꾸며 기도하고 있습니다.

42일 특별 새벽기도회 동안 어려운 환경과 교회 사정 가운데에서도 한결같은 은혜의 말씀을 선포해주신 담임목사님께 진심으로 감사드립니다. 모든 것을 다 아시는 하나님께서 큰 상급으로 축복하여 주실 것과 강건함과 건강하시기를 기도하겠습니다.

2022.4.17

그리스도의 향기가 되기를 기도합니다

최경심 권사

믿음을 지키며 살아가겠노라고 결단해도 세상 가운데서 깨어 영적 싸움에서 이기면서 사는 것에 어려움을 느껴 오늘도 혼자 힘으로 설 수 없음을 고백하며 주의 도우심을 구합니다. 코로나의 대유행 속에도 어김없이 다가온 사순절 특별새벽부흥축제는 더 간절히 기도할 수 있는 기회임을 알고 감사하면서도, 코로나를 앓고 난 직후에 회복되지 않은 건강이 부담되기도 하는 마음을 가지고 이번 특별새벽부흥축제를 시작하였습니다.

감사하게도 하나님은 바닥이 난 체력을 예배와 기도를 통해 회복시키셨고, 날마다 새벽에 일어나는 것이 힘들었지만 성도들 누구나 다 힘들지만 함께한다는 마음과 새벽마다 온 힘을 다해 말씀 전하시는 담임목사님의 모습을 보며 힘을 내어 완주할 수 있었습니다.

성령의 기름부으심이라는 주제의 말씀은 날마다 새로운 은혜와 깨달음을 주셔서 성령님은 그 말씀을 붙들고 간절히 기도하게 하셨고, 말씀을 묵상하며 살아갈 수 있도록 하셨습니다.

성령을 의지하여 산다면서도 성령의 열매들을 통해 하나님을 보여주지 못한 내 모습을 회개하게 하시고 성령이 도우시기를 더욱 기도하게 되었습니다.
나에게 맺혀진 성령의 열매를 통해 영혼 구원을 위해 기도하던 동료와 지인들에게 그리스도인의 향기를 나타내고 복음을 더 전할 수 있기를 기도합니다.

매번 특별새벽부흥축제는 주춤해있던 믿음을 일으키고 뜨겁게 기도할 수 있는 힘을 더해주어 거룩한 부담으로 완주할 수 있었지만, 특별히 이번 특별새벽부흥축제는 날마다 성령의 기름부음을 받게 하시고 지금도 나를 다 아신다고 말씀하시는 성령의 음성에 감사함으로 뜨겁게 기도하며 더욱 단단해질 수 있는 시간이었음을 고백합니다.

어렵고 혼란한 시대에 전영기 담임목사님을 만나게 하시고 전하시는 하나님의 말씀을 통해 우리를 믿음의 사람으로 세워가시는 하나님께 감사합니다. 42일동안 힘든 가운데도 영적인 말씀을 전해주시고, 그 말씀을 먼저 지키시고 믿음의 본을 보이시며 성도들을 이끌어 주시는 담임 목사님께 감사드립니다. 목사님의 열정과 믿음을 잘 따라가는 믿음의 동역자가 되길 원합니다.

아직도 새벽을 깨워 성전에 나가는 일은 너무나 힘들지만 이번 특별새벽부흥축제를 통해 은혜를 주신 하나님이 오늘도 성령으로 기름 부으시고 인도하심을 간구하며 내 믿음의 분량이 더 장성해지기를 원하시는 하나님의 뜻대로 살아가려고 합니다.

지금도 살아 역사하시는 성령님이 저와 저희 가정, 우리 교회와 성도들, 이 나라 가운데에 함께하셔서 선하신 하나님의 뜻이 이루어지길 기도합니다. 하나님께 영광을 드립니다. 감사합니다.

고난의 5년, 100년의 기초를 놓다 _ 시화임마누엘 교회 2018-2022년까지

열 번째 40일 특별새벽부흥축제 (2022.10.10.-11.20)
다시 말씀으로!

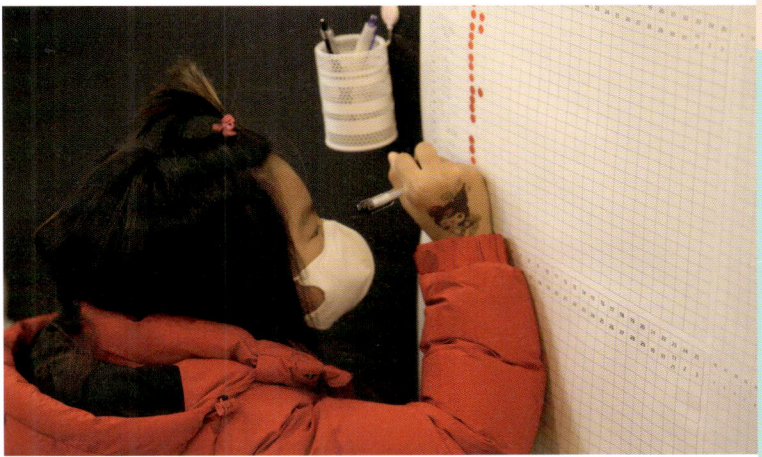

| 2부 | 기도 "기도는 죽지 않는다!"

2022.11.25.

첫 특별부흥축제!
다시 말씀앞에!

정영남 성도

생애 첫 특별새벽부흥축제! 그리고 첫 안수기도!
주일 예배시간의 광고와 속장님의 권유로 아무것도 모르고 시작한 특별새벽부흥축제! 저는 체력이 따라 줄까하는 마음에 지레 겁을 먹고 처음에는 하루씩 번갈아 갈 생각으로 시작을 했습니다. 몸은 힘들었지만 막상 교회에 나오면 마음이 편안해지고 많은 분들이 저를 위해 기도해주시고 반갑게 맞아 주셨습니다. 항상 옆에서 기도해주시는 속장님, 권사님들과 그리고 앞으로 나와서 안수를 받으라는 담임목사님의 말씀에 눈물이 났습니다.

이번 특별새벽부흥축제를 통해서 "하나님은 나를 정말 사랑하고 계셨는데, 내가 모르고 있었구나!" 생각했습니다. 아프다는 핑계로, 걱정과 염려와 두려움으로 교회를 멀리하고 있었는데 담임 목사님의 말씀 속에서 찔림이 왔습니다.

지금도 여전히 부족한 믿음이지만 목사님 말씀처럼 사람은 떡으로만 사는 것이 아니라 하나님의 말씀으로 살아야 한다는 것, 하나님의 말씀을 먹어야 한다는 것, 그것이 믿는 자의 삶이라는 것을 깨닫습니다. 그리고 아프기 전 불평불만, 욕심, 내려놓지 못했던 나의 생각이 변해야만 저도 살고, 우리 가족도 살릴 수 있다는 것을, 구원받을 수 있다는 것을 알게 되는 소중한 시간들이었습니다.

특별새벽부흥축제 전 "하나님 살려주세요. 천국 가고 싶어요. 그래야 우리 아이들이 제가 없어도 엄마는 더 좋은 곳에 계시다고 생각하죠."라는 기도를 했었습니다. 하지만 지금은 기도가 달라졌습니다. "우리 가족 모두 믿음의 가정으로 거듭나게 해주세요."가 먼저라는 것을 알게 되었습니다. 나만을 위한 기도가 아니라, 지금 제가 받은 은혜처럼 옆에서 함께 기도해주시는 분들, 저처럼 아프고 힘든 분들을 위해서 기도하게 되었습니다.

42일 동안 앉아서 예배드리고 있다는 것과 갈 때마다 안수기도 받는 것이 죄송할 정도로 온 힘을 다해 말씀을 선포해주신 담임목사님, 때로는 걱정되고 눈물 나고 안쓰럽기도 했습니다. 담임목사님 감사합니다.

이 모든 시간이 날마다 은혜를 잊을 수 없는 제 생애 첫 특별새벽부흥축제였습니다. 건강이 허락한다면 내년 봄, 가을, 그다음 해 봄 가을에도 목사님과 함께하는 특별부흥축제를 소망합니다.

2022.11.25.

마음을 비우고 내려놓는 시간

허숙영 성도

젊은 시절 잠깐 잠깐씩 하나님과의 만남이 있었습니다. 그런데 결혼해서 교회를 정하지 못하고 방황하다, 올 7월에 교회에 등록하게 되었습니다. 특별새벽부흥축제가 뭔지도 모르고 양영순 권사가 특별새벽부흥축제하면 좋다고 해서 참석을 하게 되었습니다.

특별새벽부흥축제 기간 동안 세상 모든 사람에게 똑같이 주어진 시간 24시간을 더 여유롭게 활용할 수 있어 좋았습니다. 특별새벽부흥축제를 가기 위해 일어나야 하는 어느 한 날, 너무 피곤해서 가지 말까 하는 생각과 이틀은 여유를 주셨다는데 하면서 이불 속에 있었습니다. 그런데 문득 4시 30분이면 매일 같이 일어나 일 나가는 신랑이 끙끙거리며 식구들을 위해 일어나는 모습을 보고 '아 - 가족을 위해 피곤한 몸으로 매일 같이 나가는 사람도 있는데 난 그 며칠을 했다고 힘든가?' 생각했습니다. 그 고마움과 감사는 특별새벽부흥축제가 아니면 몰랐을 것입니다.

저는 특별새벽부흥축제가 처음이지만 정말 잘한 일이라고 생각합니다. 육제적으로 피곤했지만, 그 정도는 참을 수 있습니다. 조그만 사업장을 연 지 7개월 정도 되었습니다.

그런데 저는 마음이 항상 조급했습니다. 왜! 왜! 왜! 열심히 하는 것 같은데 왜 마음처럼 잘 안 될까? 무엇 때문이지 마음이 조급했습니다. 그것은 욕심 때문이었습니다.

특별새벽부흥축제를 통해서 마음을 비우고 많은 것을 내려놓는 것을 배웠습니다. 특별새벽부흥축제를 마치면서 정말 잘했다고 생각합니다. 그리고 스스로가 대견하고, 뿌듯합니다. 특별새벽부흥축제 42일을 완주한 것이 무엇보다 기쁩니다.

특별새벽부흥축제를 통해 기억에 남는 말씀은 "내가 축복받은 것은 중요한 것이 아니라 내가 좋은 이웃이 되는 것이 중요합니다. 하나님을 사랑하기 때문에 이웃을 사랑합니다. 예배는 섬김. 봉사입니다."

이 말씀을 마음에 새기고 나누고 베푸는 삶을 살겠다고 다짐해 봅니다.

담임 목사님 항상 좋은 말씀 감사합니다. 항상 건강하세요. 매일 매일 하나님 감사합니다. 더 열심히 기도하고 예수님 말씀대로 따르겠습니다.

2022.11.25.

아! 이것이 기도의 힘이구나!

신경미 권사

가을 특별새벽부흥축제 광고를 듣고, 포스터 붙은 것을 보고 있자니 두 개의 단어가 눈에 들어 왔습니다. "열 번째" 이번이 "열 번째"라니 새삼 지난 시간을 돌이켜 보게 되었습니다. 그동안 나는 아홉 번의 특별새벽부흥축제를 지내며 얼마나 성장하고 변화되었는지 완주한 것에 만족하며 자기만족에 취하지는 않았는지 뒤돌아보게 되었습니다. 더구나 이번 주제는 "다시 말씀으로" 주제부터 마음을 설레게 하였습니다. 매일 듣는 말씀이지만 "다시"라는 단어가 주는 느낌은 나에게 새로운 기회가 되고 도전이 되었습니다. 또 담임목사님께서 어떤 말씀으로 은혜를 주시고 찔림을 주실지 기대를 하게 되었습니다.

매일 하는 새벽기도지만 특별이라는 말이 들어가면 왠지 긴장되곤 합니다. 이번 특별새벽부흥축제는 거듭나는 기회가 되고 가슴이 다시 뜨거워지는 기회가 되기를 다짐해 봅니다. 매일 밤 핸드폰 충전은 잘 되어 있는지 다시 한번 알람을 확인하며 잠자리에 들지만, 꼭 두세 번은 깨어 시간을 확인하곤 합니다. 첫날 새벽에 건널목 앞에서 바라보는 교회의 7층, 어김없이 목사님의 방은 환하게 불을 밝히고 계신 것을 보며 등대 같다고 생각해봅니다.

이른 새벽 애찬실에서는 최혜경 장로님께서 이른 시간임에도 불구하고 성도들의 든든한 아침을 위해 밥과 컵라면을 준비하는 모습에서 사랑을 느낍니다. 또 3층에 올라오면 심방 권사님들께서는 누구보다도 일찍 나와 성도들을 맞이할 준비를 합니다.

엄마 아빠의 손에 이끌리어 잠도 깨지 않은 채 나오는 아이들, 하나는 등에 업고 하나는 다독이며 성전으로 이끄는 권사님, 이런 모습을 보며 가슴이 뭉클해져 옵니다.

이 모습을 보면서 지금은 자신의 의지보다 엄마 아빠의 손에 이끌리어 나오지만, 이 아이들이 주님 안에서 바르고 아름답게 성장하기를 기도합니다.

성도님들이 은혜받게 하기 위해서 열심히 준비하는 찬양단을 보면 나만 잘하면 되겠구나 하고 다짐을 해보게 됩니다. 42일간 특별새벽부흥축제는 심적으로 힘든 일이 있었지만, 기도하며 이길 수 있었습니다. 그리고 때마다 해주시는 담임목사님의 안수 기도로 다시 회복하고 힘을 얻을 수 있었습니다. "아! 이것이 기도의 힘이구나!" 다시 한 번, 기도의 소중함을 깨닫고 가슴이 뜨거워지고, 흐르는 눈물을 주체할 수 없는 시간이었습니다.

이번 특별새벽부흥축제는 자신을 많이 돌아보는 시간이었습니다. 모순도 많고 허물도 많은 나를 발견하는 시간이었습니다. 담임 목사님의 말씀 중 어느 것 하나 소중하지 않은 것이 없지만 "거듭나야 한다."는 말씀을 머리와 가슴에 새겨 봅니다. 받은 은혜가 식지 않도록 은혜 받은 이 순간을 잘 기억하고 담으려 합니다. 그리고 기도의 끈을 놓지 않고 기도의 자리를 지킬 것을 다시 한 번 다짐해 봅니다.

42일 동안 서로 격려하며 끝까지 포기하지 않도록 격려해주시고 응원해주신 모든 장로님 권사님 감사 합니다. 그리고 무엇보다도 우리에게 진실된 영의 양식을 먹이기 위해 말씀을 준비하시고 선포해주신 담임 목사님 감사합니다. 받은 은혜 가슴에 간직하며 한해를 잘 마무리 하여 기도의 열매를 맺기를 기도하려합니다.

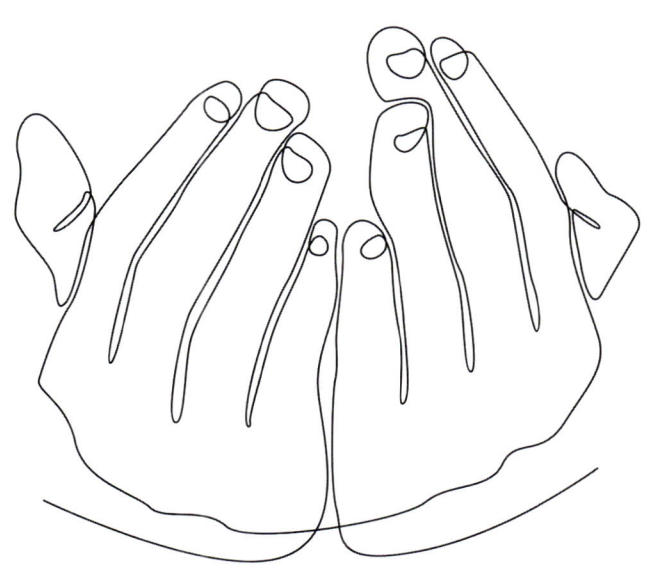

| 2부 | 기도 "기도는 죽지 않는다!"

금요응답기도회 (2018-2022)

고난의 5년, 100년의 기초를 놓다 _ 시화임마누엘 교회 2018-2022년까지

시화임마누엘 중보기도단 임명예배

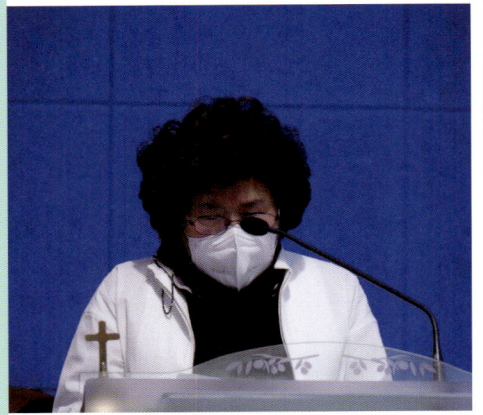

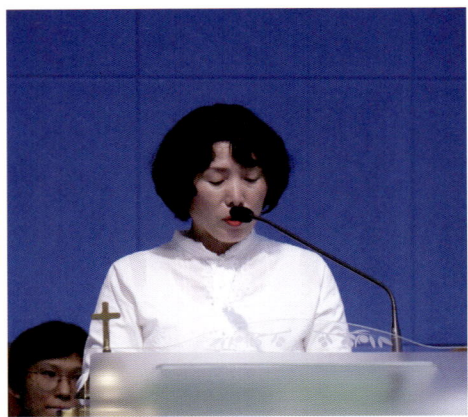

고난의 5년, 100년의 기초를 놓다 _ 시화임마누엘 교회 2018-2022년까지

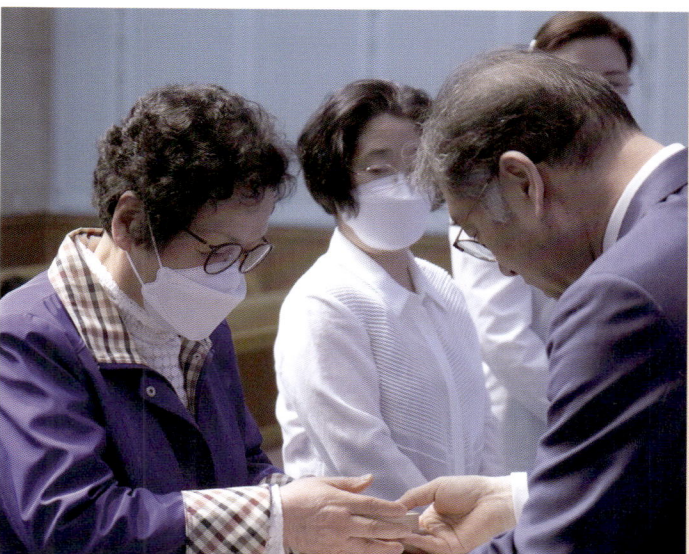

받는 사람이 아닌 주는 사람이 돼라.
존 번연은 "보답할 능력이 없는 누군가에게 뭔가를 해주기까지는 오늘을 다 살았다고 말하지 말라." 이것은 누군가를 도우라는 것을 넘어 보답할 능력이 없는 자를 도와주라는 것입니다.
거저 주는 자가 되십시오. 그냥 베풀어주는 자가 되십시오. 나는 주는 걸로 끝나면 되고 나머지는 받은 사람의 몫입니다. 모두 하나님이 하실 일입니다.
우리가 복 받는 비결은 "주라. 그리하면 흔들어 넘치도록. 발로 꽉꽉 눌러서 채우리라." 우리는 그 말씀을 잘 알고 있습니다. 왜 주라고 했습니까? 주는 자가 받는 자보다 복이 있기 때문입니다. 주는 자를 하나님이 갚아주시기 때문입니다. 우리는 다른 사람의 필요를 채우고 다른 사람을 섬기고, 성공을 돕는 사람으로 이 세상에 존재하는 자들입니다. 지금 생각해보십시오.
"나는 어떤 사람입니까?"
(2022.12.11. - 매일 선을 베풀라! 설교 중에서)

3부 섬김

좋은 이웃이 되겠습니다!

2018-2022년 정왕2동 기부금 전달 (시흥시 1% 복지재단 기부)

**시화임마누엘교회,
어려운 이웃에 1,000만원 후원**

시화임마누엘 교회(담임목사 전영기)는 지난 27일 정왕2동 행복복지센터(동장 홍명기)를 방문해 어려운 이웃을 위한 후원금으로 성탄절 헌금 1000만원을 기탁했다. 이번에 후원된 1000만원은 정왕2동 지역사회보장협의체 지정 계좌로 입금되며 2019년도 취약계층을 위한 정왕2동 지역사회보장협의체 특화사업에 사용될 예정이다.
이날 전달식에 참석한 전영기 담임목사는 "우리 교회가 지역사회와 함께 성장 하고자 뜻 깊은 일에 마음을 모았다"며 "일회성 기부에 그치지 않고 지역사회 어려운 이웃을 위해 계속해서 기부를 이어가겠다"고 전했다. 홍명기 정왕2동 동장은 "매서운 추위에 따뜻한 기부를 해주셔서 감사하다"며 "전해주신 소중한 후원금을 지역사회 내 어려운 이웃을 위해 뜻깊게 사용하겠다"고 밝혔다.

출처 : http://www.newsworks.co.kr

고난의 5년, 100년의 기초를 놓다 _ 시화임마누엘 교회 2018-2022년까지

시화임마누엘교회 지역사회와 함께하는 교회

시흥시 정왕2동에 위치한 시화 임마누엘교회 전영기 담임목사와 성도들이 지난해 2019년 12월 31일 정왕2동주민센터(홍명기동장)에 현금 천만원을 기부했다. 전영기 목사와 성도들은 지역사회와 함께하는 교회로 지난 2018년에도 지역의 어려운 이웃들을 위해 사용해 달라며 1,000만원을 전달한 바 있다.

전영기 목사는 지난해 주민센터와 약속한 대로 교회에서 지역이웃을 돕는 모금을 했다고 밝히고, 올 한해 지역에서 좋은 일을 많이 하려했지만, 생각보다 많이 못해 죄송한 마음이라고 전했다. 특히 사전에 동사무소와 협의가 됐으면 나눔을 더욱 극대화 했을 텐데 사용된 액수에 비해 결과가 안 좋아 아쉬움이 있다며, 앞으로 동주민센터와 협의해 나가겠다고 강조했다. 홍명기 동장 또한 독거어르신, 모자 부자 가정 등 지역사회보장협의체와 협의해 임마누엘 교회에서 후원한 금액이 누가 되지 않도록 투명하게 지원하겠다고 밝혔다. 이날 임마누엘교회에서 전달한 천만원은 성도들이 십시일반 모금한 금액으로 지역사회 어려운 이웃들을 위해 사용될 예정이다.

출처 : http://www.davin.kr/xe/

| 3부 | 섬김 "좋은 이웃이 되겠습니다!"

시화임마누엘교회 정왕2동 정이마을에 사랑의 손길을 나누다

경기도 시흥시 시화임마누엘 교회(담임목사 전영기)는 지난 12월 31일 주위의 소외된 이웃을 위해 사용해 달라며 정왕2동(동장 홍성림)을 방문해 후원금 1,000만원을 기부했다. 2018년부터 3년째 정왕2동 행정복지센터에 후원금을 기탁해 준 시화임마누엘 교회는 평소에도 '좋은 이웃이 되겠습니다'라는 뜻을 표방하며 다양한 이웃돕기 활동을 전개하고 있다. 특히 코로나19로 인해 모두가 힘든 2020년 마무리를 뜻깊은 기부로 함께해주어 그 의미를 더한다.

이날 전달식에 참석한 전영기 담임목사는 "우리 교회는 지역의 소외된 이웃과 함께하겠다는 약속을 지키기 위해서 마음을 모았다"며 "2021년에도 모든 교인들과 함께 기부활동 뿐만 아니라 동 행정복지센터와 함께 연계하여 우리 마을을 위한 모든 활동을 적극적으로 이어 가겠다"고 전했다.

정왕2동 홍성림 동장은 "코로나19확산으로 인해 어려움이 많은 와중에도 어렵게 기부해주신 소중한 후원금은 지역 내에 독거노인을 비롯한 취약한 계층을 위해 뜻깊게 사용하겠다"고 밝혔다. 이번에 전달된 후원금은 정왕2동 지역사회보장협의체(공공위원장 홍성림, 민간위원장 장혜동)에 지정기탁돼 지역 내 사회보장 발전을 위한 다양한 특화사업을 진행함으로써 우리 이웃들의 복지향상을 위해 사용될 예정이다.

출처: http://mediaissue.net/

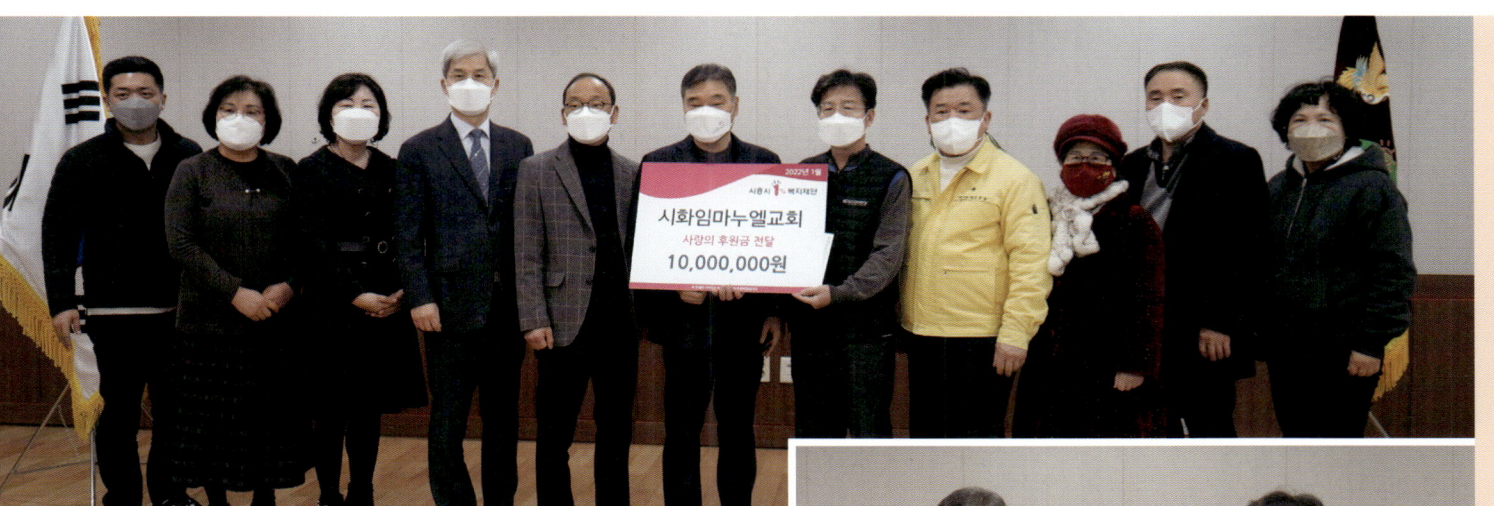

시화임마누엘교회 정왕2동에 이웃돕기 성금 1,000만원 '쾌척'

(비전21뉴스) 시화임마누엘교회(담임목사 전영기)가 지난 7일 정왕2동 행정복지센터(동장 김기세)를 찾아 관내 저소득층과 코로나19 취약가구를 위해 써달라며 사랑의 후원금 1,000만 원을 쾌척했다.

전영기 담임목사는 "코로나19로 지역주민들이 어려움에 직면해 있는 데다, 날씨도 많이 추워진 상황에서 도움이 필요한 이웃을 내 몸과 같이 챙기려는 마음으로 후원금을 기부하게 됐다"는 소감을 전했다.

소중한 성금을 전해 준 시화임마누엘교회는 지난 2018년 후원을 시작한 이래로 4년째 지속해 오고 있으며, 평소에도 나눔과 봉사를 솔선수범해 지역사회에 공동체 문화를 확산하는 등 모두의 귀감이 되고 있다. 또한, 이날 전달식에서는 양자순 정왕2동 주민자치회장이 관내 저소득층을 위해 써달라며 백미 10kg 10포를 함께 전달하는 등 행사를 더욱 뜻깊게 만들었다.

김기세 정왕2동장은 "코로나19로 모두가 힘든 시기임에도 나눔을 실천해주신 시화임마누엘교회 목사님과 신도 여러분들에게 감사드린다"며 "후원해 준 성금이 어려운 이웃들에게 소중히 전달해 올 겨울을 따뜻하게 보낼 수 있도록 최선을 다하겠다"고 말했다. 한편, 기탁된 후원금은 시흥시1%복지재단의 정왕2동 지역사회보장협의체 기금으로 모아져, 관내 취약계층을 위한 동 특화사업에 사용할 예정이다.

출처 : http://www.vision21.kr/news/

| 3부 | 섬김 "좋은 이웃이 되겠습니다!"

**정이마을에
천사가
다녀가셨습니다**

[경기인터넷신문=김성현 기자] 정왕2동에 위치한 시화임마누엘교회가 지난 5일 정왕2동 행정복지센터를 통해 관내 소외된 이웃을 위해 써달라며 후원금 1,000만원을 지정 기탁했다.

지난 2018년 후원을 시작한 이래로 5년 연속 후원을 이어오고 있는 시화임마누엘교회는 평소 나눔과 봉사에 솔선수범하는 등 이웃사랑에 적극 동참하며, 지역사회에 공동체 문화를 확산하는 데 앞장서고 있다.

이번 전달식에는 정왕2동 지역사회보장협의체 장혜동 민간위원장 및 김명자 기획·발굴 분과장, 교회 관계자 등이 참석했다. 기탁된 후원금은 시흥시1%복지재단을 통해 관내 취약계층을 위한 마을특화사업에 사용될 예정이다. 전영기 담임목사는 후원금을 기부하며, "연말연시를 맞아 지역 내 어려운 이웃에게 그리스도의 사랑을 나누고자 교인과 뜻을 모았다"며 "앞으로도 지역사회와 상생할 수 있는 뜻깊은 나눔과 선한 영향력을 꾸준히 실천해 나가겠다"고 말했다.

이소영 정왕2동장은 "해마다 나눔을 실천해 주시는 시화임마누엘교회에 감사드린다. 전달받은 후원금은 도움이 필요한 어려운 이웃을 위해 소중히 사용하겠다"고 전했다.

출처: http://m.gginews.co.kr/

사랑의 쌀 나누기(1004포)

1일 시흥시정왕동 임마누엘교회 전영기목사와 성도들이 정왕2동행정복지센터에서 사랑의 쌀 10kg 1004포를 정왕 2,3,4동의 어려운 이웃에 전달해달라며 기증식을 가졌다. 전영기 목사는 부활절 앞두고 특별 새벽기도회를 갖고 고난 주간 동안 금식미를 모아 지역주민들에게 선행하자는 성도들의 뜻을 모았고, 어려운 이웃들에게 조금이나마 도움이 되고자 지역에 기증하게 됐다고 밝혔다.

전영기 목사는 평소 교회가 지역사회와 함께 발전했으면 하는 마음을 갖고 있었고, 다행히 성도들도 함께 뜻을 같이하고자 하는 마음이 어우러져 사명을 갖고 금식기도를 통해 쌀을 기부하고, 비록 금식을 다하지 않았어도 지역사회를 위한 쌀 모으기에 동참해준 성도들 덕분에 쌀 1004포, 천사운동을 하자는 의미가 담긴 쌀을 전달하게 됐다고 설명했다.

쌀 1004포 중 정왕2동 604포, 정왕3동 300포, 정왕4동 100포로 배분해 어려운 이웃에 전달될 예정이다. 임마누엘교회는 지난해 연말에도 지역의 어려운 이웃을 위해 성도들이 모금한 1,000만원을 정왕2동행정복지센터에 전달해 화제가 된 바 있다. 임마누엘교회는 앞으로도 지속적으로 지역의 어려운 이웃들을 위한 후원에 참여하겠다는 의사를 밝혀 지역사회에 귀감이 되고 있다.

출처 : http://www.davin.kr/

| 3부 | 섬김 "좋은 이웃이 되겠습니다!"

시흥시 나눔 교회선정

2022 선행도민 표창 도지사 표창

정왕2동은 최근 오랜 기간 꾸준히 선행을 실천해 온 유공자에 대한 도지사 표창을 전수했다고 밝혔다.

전영기 시화임마누엘교회 담임목사는 2018년부터 현재까지 매년 1000만 원씩의 후원금을 기탁해 관내 소외계층을 돕는 데 앞장서 왔다. 특히 정기적으로 취약계층을 위한 국수 봉사, 집수리 사업 및 나눔주차장 조성 등에 다양한 활동에 동참해 지역사회 발전에 헌신해 온 점을 높이 평가받아 선행도민에 선정됐다.

행사에는 정왕2동 지역사회보장협의체 장혜동 민간위원장이 함께해 지역 내 취약계층을 위한 따뜻한 마음과 봉사 정신에 감사를 표했다.

전영기 담임목사는 "지역을 위한 작은 마음에서 비롯된 봉사가 이런 큰 상으로 돌아와 더욱 보람된다"며 "오늘 받은 상은 더 열심히 봉사하라고 주신 의미로 생각하고, 항상 나눔을 실천하며 살겠다"고 밝혔다.

출처 : http://www.shjn.co.kr

| 3부 | 섬김 "좋은 이웃이 되겠습니다!"

시화임마누엘교회!
지역사회 좋은 이웃이 되겠습니다!
정왕2동 정이마을에 기부된 성금은 5년 동안 지역사회보장협의체를 통해서 시흥시와 정왕2동을 위해서 사용되었습니다.
(아동복지이동상담소, 공용휠체어 지원, 독거노인 생활, 취약계층 집수리 지원 등)

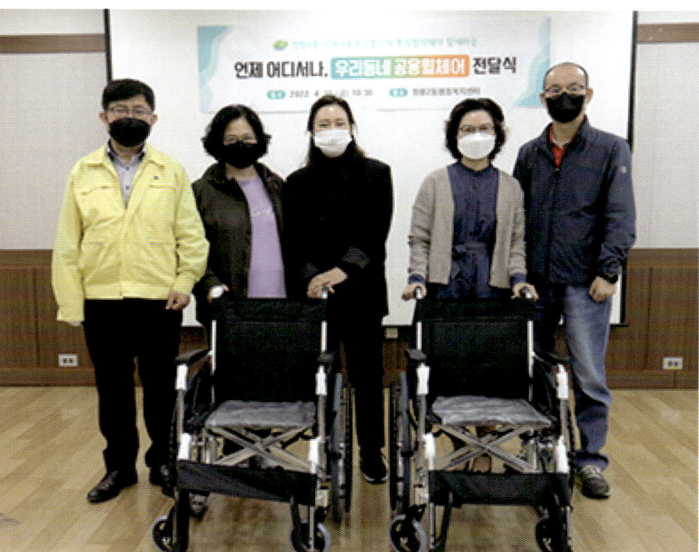

2018 정왕고등학교 장학금 전달

하나님께서는 이 세상을 지으셨고, 우리를 창조하셨습니다.
하나님의 창조에는 분명한 목적과 계획이 있습니다. 그런데 우리가 모두 동일하게 가지고 있는
목적이 있습니다. 그것은 예수 그리스도가 이 진리를 전하기 위하여 이 땅에 보내졌듯이
우리도 이 땅에 하나님의 나라 예수 그리스도의 진리를 위해 보내졌다는 것입니다.
우리의 역할과 사명은 다를지라도 결국은 우리의 인생의 목적은 하나님을 나타내고
하나님을 전하는 것에 있습니다. 전도는 교회들에게 주신 명령입니다.
예수님의 첫 번째 명령도 전도이고 마지막 명령도 전도입니다.
전도하는 것은 하나님의 주신 사명에, 주신 명령에 순종하는 것입니다.
교회는 이것을 위해서 전도하고, 전도자를 세우는 일에 집중해야 합니다.
구원의 확신이 있는 교회는 구원을 전하는 것, 복음전파에 거리낌이 없습니다.
성령이 충만한 교회는 복음의 역사가 일어납니다.
하나님의 사랑을 뜨겁게 경험한 교회는 영혼의 가치를 알고 이웃을 뜨겁게 사랑하게 됩니다.
(2020.10.29. "전도, 교회의 목적" 설교 중에서)

4부 선교

땅끝까지 복음을 전하라!

| 4부 | 선교 "땅끝까지 복음을 전하라!"

전도

고난의 5년, 100년의 기초를 놓다 _ 시화임마누엘 교회 2018-2022년까지

| 4부 | 선교 "땅끝까지 복음을 전하라!"

인도네시아 성재경 선교사 방문

고난의 5년, 100년의 기초를 놓다 _ 시화임마누엘 교회 2018-2022년까지

인도네시아 암본 기독교 국립대학교 총장 방문

아프리카 말라위 반석 쉼터 방문 (2018.8.12-24)

말라위 최진아 선교사 방문

캄보디아 문종현 선교사 방문

고난의 5년, 100년의 기초를 놓다 _ 시화임마누엘 교회 2018-2022년까지

모잠비크 이명윤 선교사 방문

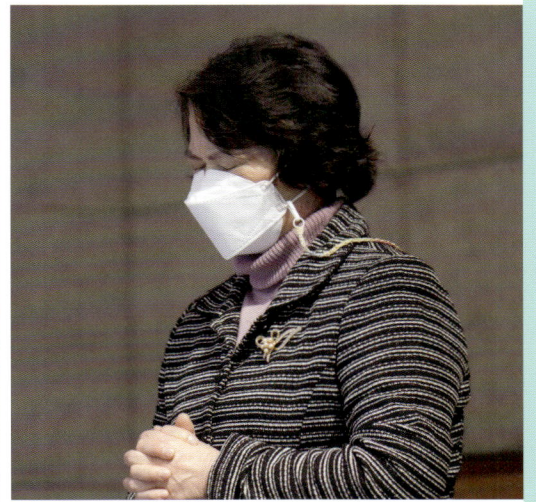

인도네시아 선교사 파송예배 :
전성현 선교사 지혜인 사모
(2022.5.29)

고난의 5년, 100년의 기초를 놓다 _ 시화임마누엘 교회 2018-2022년까지

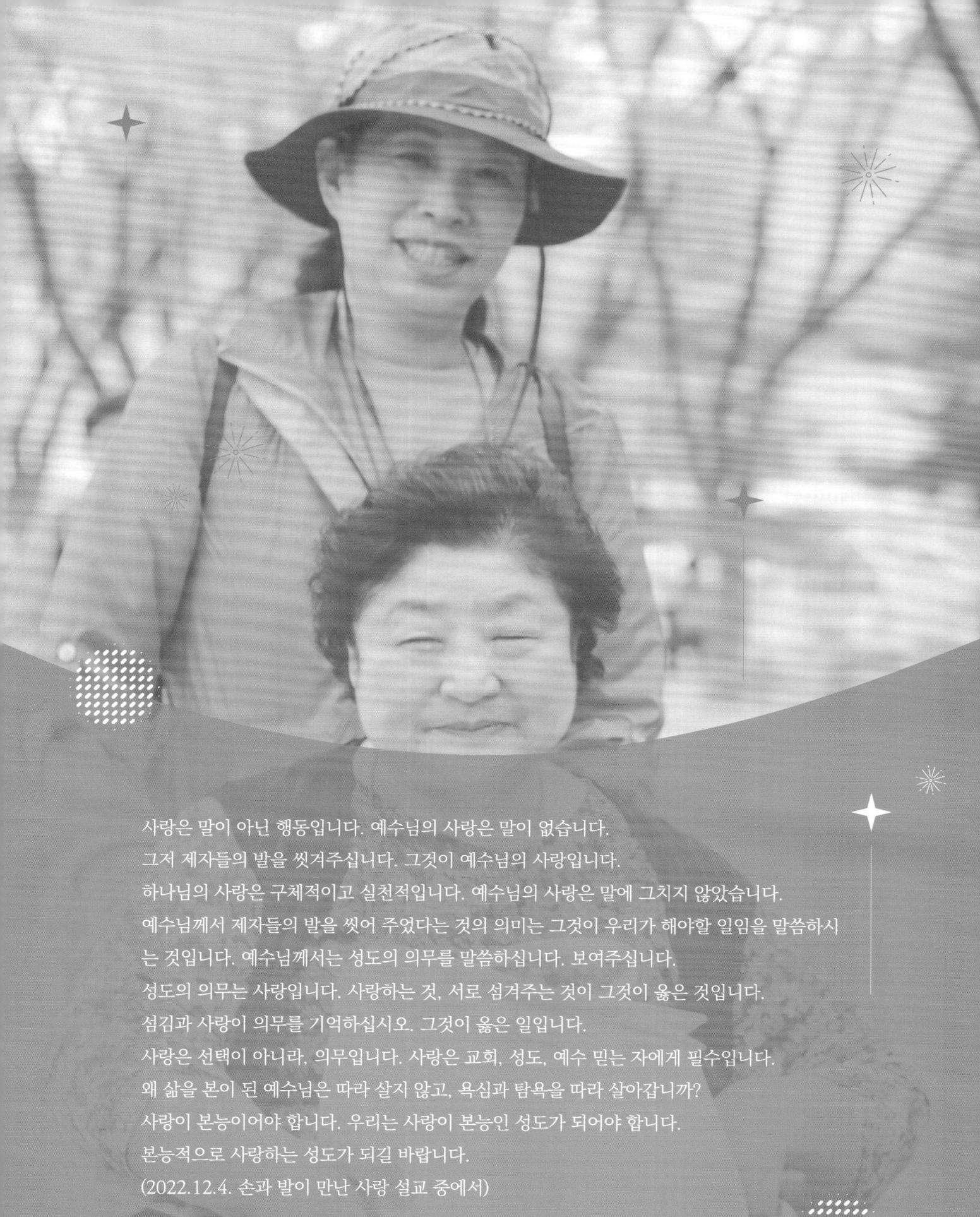

사랑은 말이 아닌 행동입니다. 예수님의 사랑은 말이 없습니다.
그저 제자들의 발을 씻겨주십니다. 그것이 예수님의 사랑입니다.
하나님의 사랑은 구체적이고 실천적입니다. 예수님의 사랑은 말에 그치지 않았습니다.
예수님께서 제자들의 발을 씻어 주었다는 것의 의미는 그것이 우리가 해야할 일임을 말씀하시는 것입니다. 예수님께서는 성도의 의무를 말씀하십니다. 보여주십니다.
성도의 의무는 사랑입니다. 사랑하는 것, 서로 섬겨주는 것이 그것이 옳은 것입니다.
섬김과 사랑이 의무를 기억하십시오. 그것이 옳은 일입니다.
사랑은 선택이 아니라, 의무입니다. 사랑은 교회, 성도, 예수 믿는 자에게 필수입니다.
왜 삶을 본이 된 예수님은 따라 살지 않고, 욕심과 탐욕을 따라 살아갑니까?
사랑이 본능이어야 합니다. 우리는 사랑이 본능인 성도가 되어야 합니다.
본능적으로 사랑하는 성도가 되길 바랍니다.
(2022.12.4. 손과 발이 만난 사랑 설교 중에서)

5부 사랑

사랑은 행동이다!

| 5부 | 사랑 "사랑은 행동이다!"

장수대학

고난의 5년, 100년의 기초를 놓다 _ 시화임마누엘 교회 2018-2022년까지

| 5부 | 사랑 "사랑은 행동이다!"

어르신 단풍여행 2019.10.26. 안성팜랜드

고난의 5년, 100년의 기초를 놓다 _ 시화임마누엘 교회 2018-2022년까지

2022.10.27. 청남대

어버이 주일

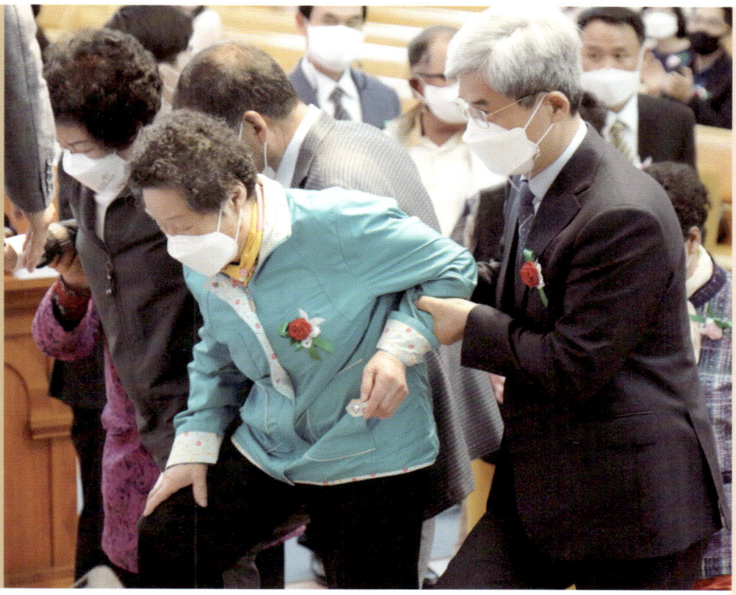

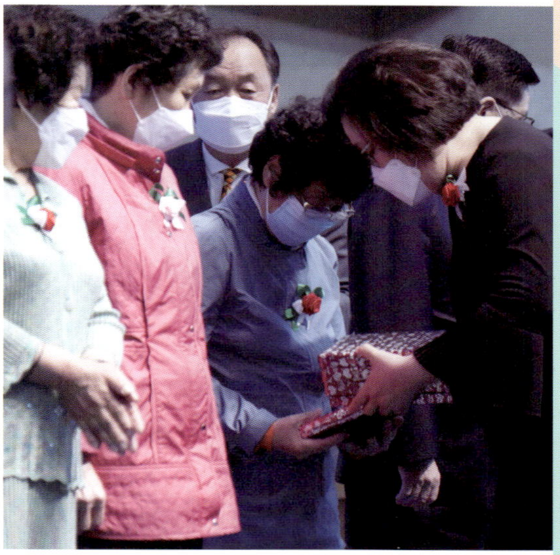

고난의 5년, 100년의 기초를 놓다 _ 시화임마누엘 교회 2018-2022년까지

온 가족 봄소풍

2018.5.13. 배곧 생명공원

고난의 5년, 100년의 기초를 놓다 _ 시화임마누엘 교회 2018-2022년까지

한마음 체육대회 2018.7.22. 시흥시 체육관

| 5부 | 사랑 "사랑은 행동이다!"

교구별 척사대회 2019.

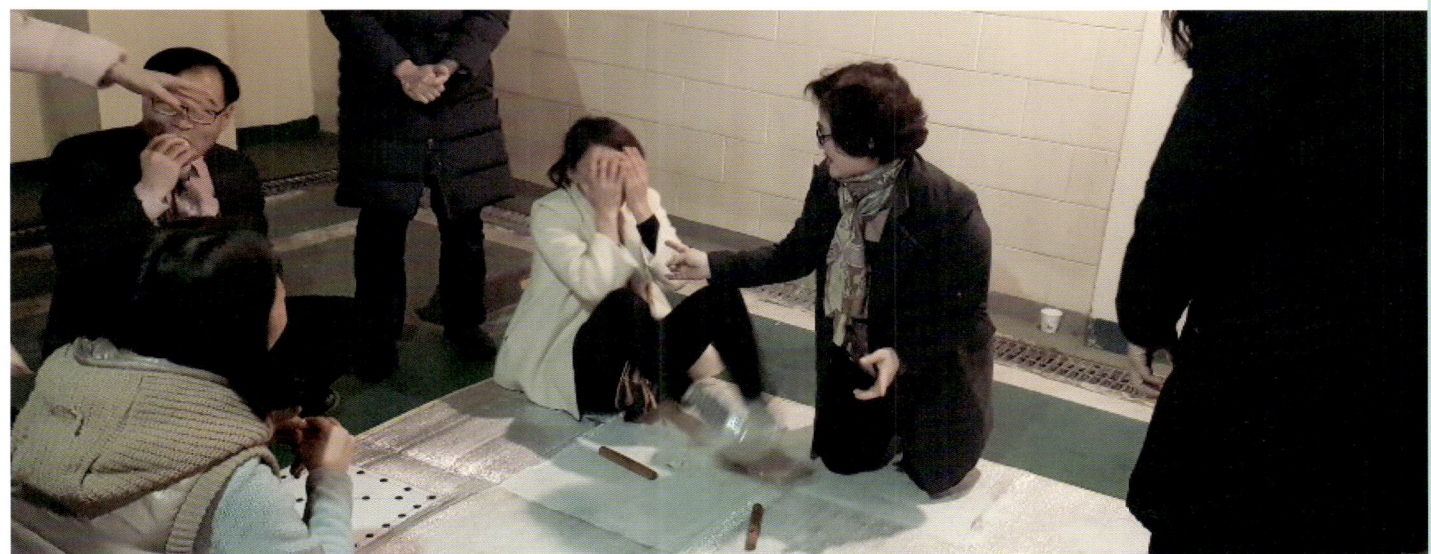

| 5부 | 사랑 "사랑은 행동이다!"

2020.

카타콤 중보기도실 및
행복한 노래방
개소예배

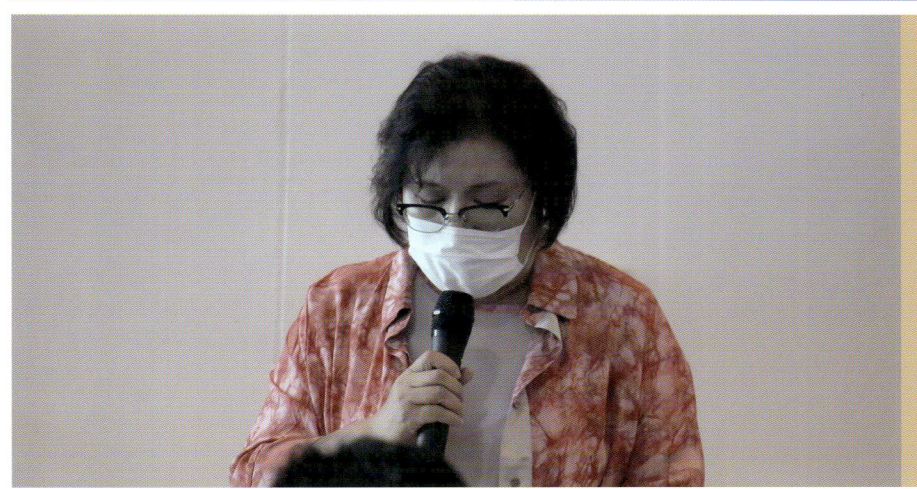

| 5부 | 사랑 "사랑은 행동이다!"

담임목사님 · 사모님 생신 축하

고난의 5년, 100년의 기초를 놓다 _ 시화임마누엘 교회 2018-2022년까지

| 5부 | 사랑 "사랑은 행동이다!"

장례예배

고난의 5년, 100년의 기초를 놓다 _ 시화임마누엘 교회 2018-2022년까지

모든 사람의 꿈에는 세 가지 비밀이 있습니다.
첫째는, 꿈은 혼자 꾸지만 절대로 혼자 이룰 수 없다는 것입니다. 꿈의 성취는 하나님이 이루어 주십니다. 하나님께서 꿈에 발을 달아주시고 날개를 달아주시고 꿈을 함께 이루어나갈 수 있는 동역자들을 붙여주십니다. 둘째는, 꿈과 고난은 반드시 정비례합니다. 꿈이 크면 고난도 크고 꿈이 작으면 고난도 작고 꿈이 없으면 고난도 없습니다. 고난 없는 인생은 죽은 인생입니다. 셋째는, 꿈은 절대 하루아침에 이루어지지 않습니다. 반드시 하나님의 때에 하나님의 방법으로 우리의 꿈이 이루어집니다.
이 시대에 하나님이 찾는 사람은 영성, 인성, 일관성이 있는 사람입니다. 하나님이 찾으시는 그 한 사람, 포기하지 마십시오. 우리의 자녀 우리의 다음 세대가 그런 사람이 되기를 기도하시기 바랍니다. 영성과 인성과 일관성 있는 사람들이 길러지는 교회가 시화 임마누엘 교회가 되기를 간절히 바랍니다.
(2022.8.7. 세상의 축복이 되어주는 리더십 설교 중에서)

6부 소망

100년을 이어갈 다음 세대!

교사
스승주일 (2018-2022)

2018 여름성경학교 교사강습회

2019.4.23.-24 중부연회 인천숭의교회 : 25년 이상 근속 교사 표창

교사교육

| 6부 | 소망 "100년을 이어갈 다음 세대"

교회학교 어린이주일

2019.5.5. 은혜를 사모하게 하라!
(눅1:5-7)

어린이주일 2020.5.3. 기도하는 자식은 망하지 않는대! (막 7:24-30)

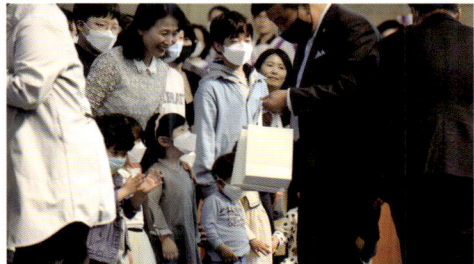

어린이주일 2022.5.1. 부흥은, 부끄러움을 자각하는 것! (계 3:14-19)

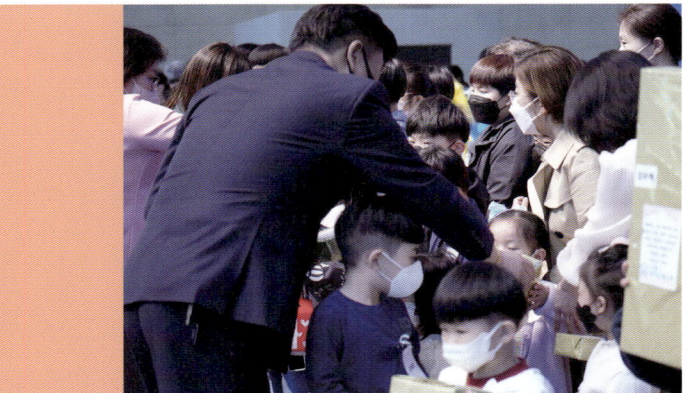

어린이주일
2021.5.2. 한 사람! (렘 5:1-5)

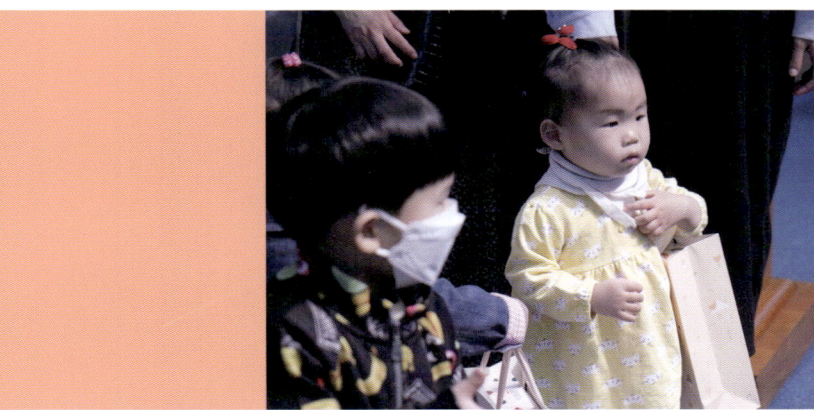

| 6부 | 소망 "100년을 이어갈 다음 세대"

여름성경학교 2018.20-21 위대한 건축가

고난의 5년, 100년의 기초를 놓다 _ 시화임마누엘 교회 2018-2022년까지

2019.19-21 갓튜브 월드

2022.7.23. 예배가 좋아!

마당 축제 및 야외예배

| 6부 | 소망 "100년을 이어갈 다음 세대"

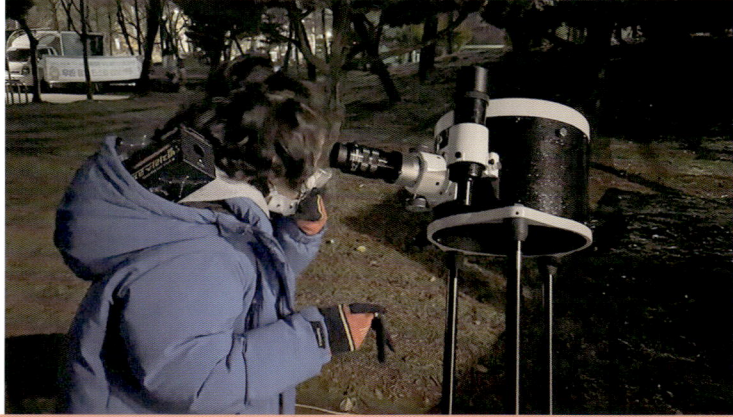

천문대행사

중고등부
문학의밤

| 6부 | 소망 "100년을 이어갈 다음 세대"

중고등부 백두산 선교여행 2018.7.29.–8.3

고난의 5년, 100년의 기초를 놓다 _ 시화임마누엘 교회 2018-2022년까지

중고등부 여름수련회 2019.7.29.-31 시선강탈

고난의 5년, 100년의 기초를 놓다 _ 시화임마누엘 교회 2018-2022년까지

중고등부 여름수련회
2022.7.28-29 나는 찐 그리스도인이야!

고난의 5년, 100년의 기초를 놓다 _ 시화임마누엘 교회 2018-2022년까지

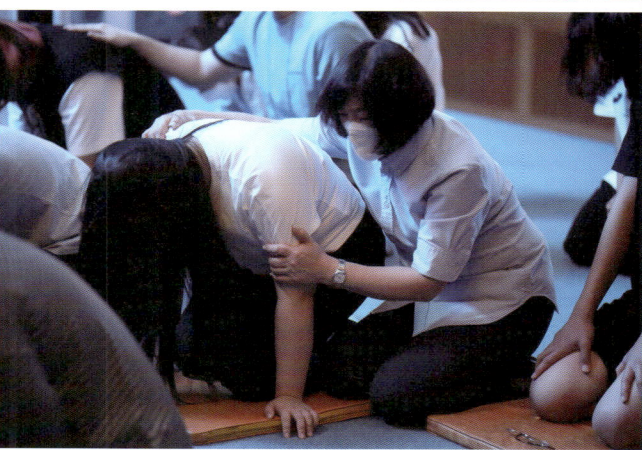

| 6부 | 소망 "100년을 이어갈 다음 세대"

1청년부 겨울 수련회
2019.2.14.-16

1, 2 청년부 여름 수련회
2019.2.14.-16

| 6부 | 소망 "100년을 이어갈 다음 세대"

청년부 여름수련회

2022.8.4.–6 Here I Am "내가 여기 있나이다."

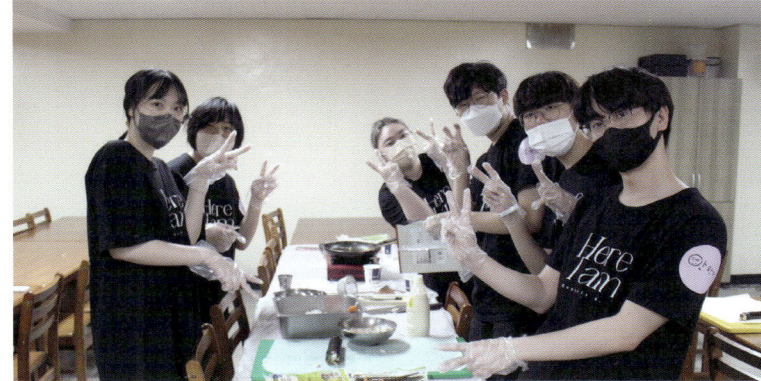

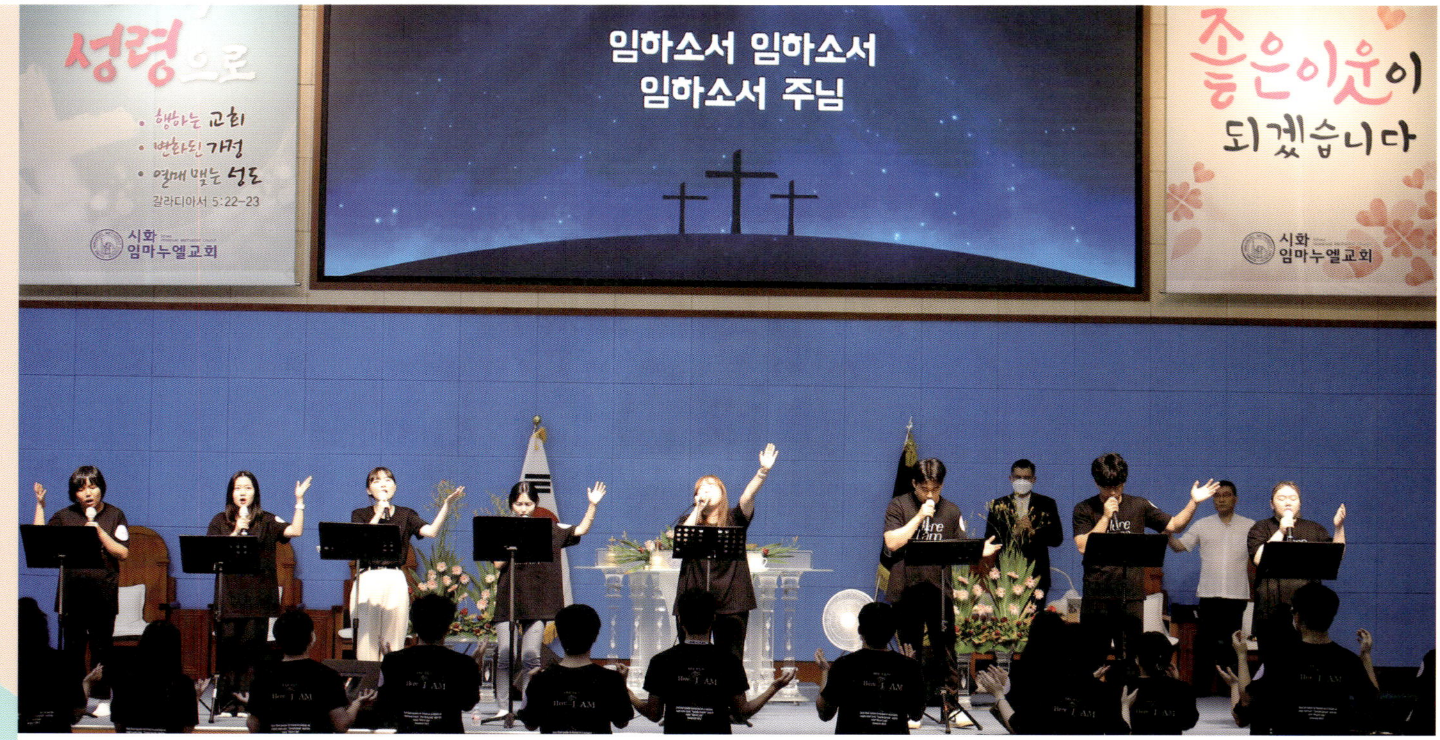
성령으로
• 행하는 교회
• 변화된 가정
• 열매 맺는 성도
갈라디아서 5:22-23
시화 임마누엘교회
임하소서 임하소서
임하소서 주님
좋은이웃이
되겠습니다
시화 임마누엘교회

Here I am

Here I am

Sihwa Immanuel Methodist Church
시화임마누엘교회

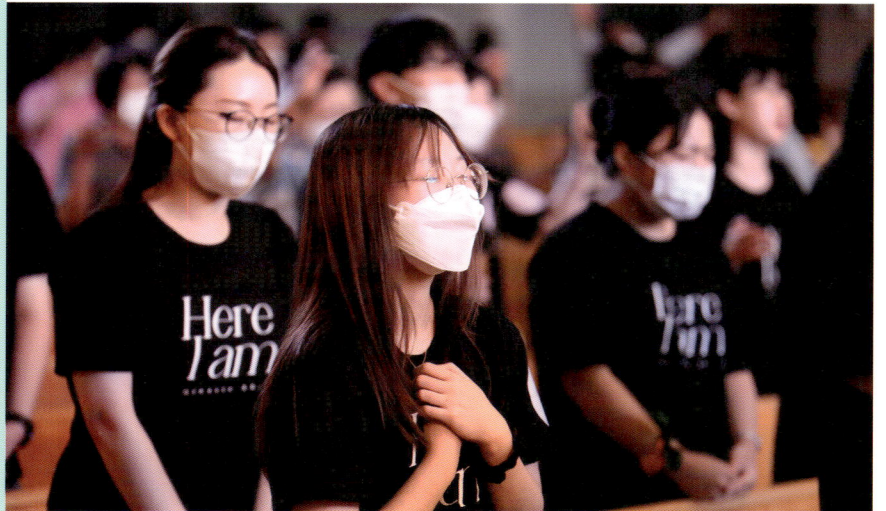

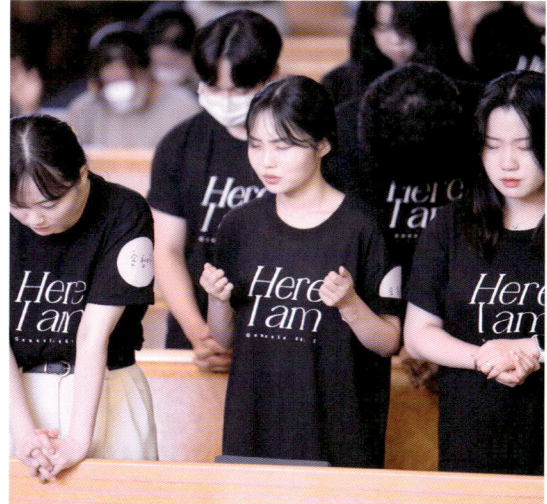

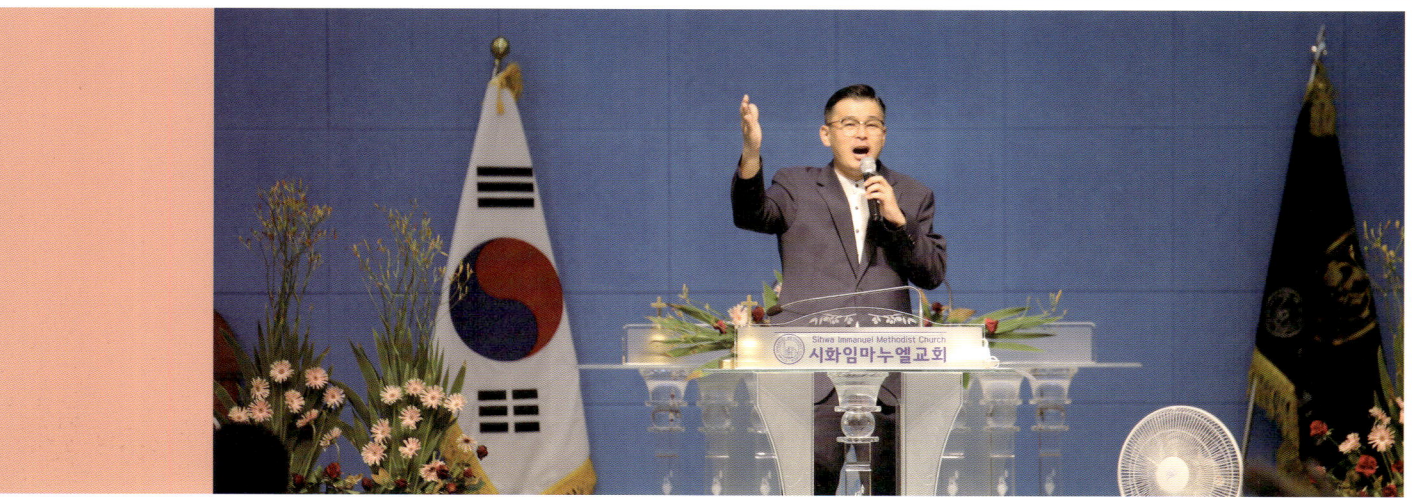

7부

열 번째 2022 가을 42일
특별새벽부흥 축제 설교
다시 말씀으로 (신 8:3)

다시 말씀으로 +1

마태복음 1장 22절

이 모든 일이 된 것은 주께서 선지자로 하신 말씀을 이루려 하심이니 이르시되

오늘 우리에게 주신 이 기도의 시간은 나를 위한 시간입니다. 하나님께서는 자신을 소개할 때 말씀으로 소개하셨습니다. 모든 것이 말씀으로 옵니다. 축복도 구원도 은혜도 사랑으로 말씀으로 옵니다.

하나님은 말씀이십니다. 말씀은 약속입니다. 하나님의 약속은 반드시 성취됩니다.

오늘 본문은 이 땅에 예수 그리스도가 오심은 주께서 선지자로 하신 말씀을 이루기 위함이라고 이야기합니다. 그런데 이 약속에 수반되어야 할 것이 있는데, 그것이 바로 신뢰입니다.

하나님을 신뢰하기 시작할 때 약속이 이루어지기 시작합니다. 이것이 믿음입니다.

그런데 이 시대의 성도들은 말씀을 알아도 따르지 못하고 말씀을 순종해도 끝까지 순종하지 못합니다.

왜 그렇습니까? 신뢰하지 못하기 때문입니다. 하나님은 신실하십니다.

신실하신 하나님께서는 약속을 이루십니다. 끝까지 믿는 자가 하나님의 약속의 성취를 누립니다. 메시야의 약속은 아주 오래전의 약속입니다. "아들을 낳으리니 이름을 예수라 하라"

예수님이 이 세상에 오신 것은 우연이 아니라, 약속의 성취입니다. 지금도 하나님께서는 수없는 약속을 우리에게 주십니다.

그리고 지금까지 그 약속을 성실하게 지키셨고, 앞으로도 지키실 것입니다. 기억하십시오. 하나님은 말씀이시고 말씀은 약속입니다. 그 약속은 반드시 이루어집니다.

다시 말씀으로 돌아오십시오. 다시 말씀을 들으십시오.

여러분 성도는 떡으로만 사는 인생이 아니라, 오직 하나님의 말씀으로 살아가는 인생입니다. 네팔에 사는 코뿔소는 숲을 지나다가 트레비아 나무를 만나면, 그 열매를 먹을 수 있는 만큼 많이 먹는다고 합니다. 트레비아 나무의 입장에서 보면 억울할 수 있습니다.

일 년 내내 수고한 나무의 열매가 익어서 떨어지자마자, 그 열매를 모두 먹어 치우기 때문입니다. 하지만 다음 날이 되면 코뿔소는 가장 양지바른 곳에 트레비아의 씨를 배설합니다. 그리고 그 양지바른 곳에서 이듬해 싹이 나고, 자라납니다. 결국 트레비아 숲을 이루게 됩니다. 나무 밑에 떨어져 있으면 썩어버릴 열매가 코뿔소에게 먹힘으로 다시 나무가 되고 숲이 되는 것입니다. 말씀을 먹는 영적인 코뿔소가 되어야 합니다.

말씀을 부지런히 먹고, 듣고, 그대로 살고 순종해야 합니다.

나에게 약속하신 그 말씀의 성취를 전하는 사람이 되어야 합니다.

말씀의 약속을 전하는 영적인 코뿔소가 되시기 바랍니다.

〈2022.10.9. 설교말씀 中〉

다시 말씀으로 +2

마태복음 3장 17절

하늘로부터 소리가 있어 말씀하시되 이는 내 사랑하는 아들이요 내 기뻐하는 자라 하시니라

하나님께서는 우리를 통해서 하나님의 말씀인 하나님의 약속을 이루어 가십니다.
우리는 하나님의 섭리에 따라, 하나님이 뜻대로 이 세상에 왔습니다.
다시 말씀으로 돌아가야 합니다. 하나님 뜻을 알기 위해서는 하나님의 말씀을 알아야 합니다. 하나님의 때는 늦거나 이르지 않습니다. 하나님께서는 정한 때에 반드시 이루십니다.
하나님께서는 기한을 정하시지만, 우리는 그 때와 시를 알 수 없습니다.
이것이 우리가 믿음을 보여야 할 이유입니다, 이것이 우리가 기도해야 할 이유입니다.
하나님의 섭리와 시간은 함께 합니다. 그래서 우리는 하나님의 섭리가 무엇인지를 알기 위해서 기도해야 합니다. 기억하십시오.
지금 광야 같을지라도 하나님께서는 우리의 아름다운 때를 준비하십니다.
"하나님이 모든 것을 지으시되 때를 따라 아름답게 하셨고 또 사람들에게는 영원을 사모하는 마음을 주셨느니라 그러나 하나님이 하시는 일의 시종을 사람으로 측량할 수 없게 하셨도다(전 3:11)"
여러분은 이때를 사모하고 준비하고 있습니까? 기도는 필요를 구하는 것이 아닙니다. 기도는 더 중요한 것, 하나님의 섭리를 구하는 것입니다. 이때를 사모하고, 이때를 기다리고 영원을 사모하는 것입니다.
기도해야 하나님의 뜻을 분별할 수 있습니다. 이 세상에 목적 없이 만든 피조물이 없듯이 목적 없는 인생은 없습니다. 반드시 우리에게 선한 뜻이 있다는 것을 기억하시기 바랍니다.
예수님께서는 30년을 준비하시고, 3년을 쓰임 받으셨습니다.
사명 때에 하늘의 문이 열렸습니다. 하늘의 문이 열리고 하나님이 말씀을 주셨습니다.
여러분 하나님께서는 우리에게 매일 하늘을 열고 말씀을 주십니다.
왜냐하면 지금이 우리의 때이기 때문입니다.
하늘의 문이 열렸다는 것은 이전에 닫혀있었다는 것을 뜻합니다. 그 하늘이 열린 것입니다. 하나님께서는 우리에게 하늘을 여는 열쇠를 주셨습니다. 그것이 바로 기도입니다. 교회가 기도하지 않아서 하늘이 닫힌 것입니다. 우리가 기도하지 않아서 하늘이 열리지 않는 것입니다.
여러분 열린 하늘을 통해서 하나님의 말씀을 들으시기 바랍니다.
우리는 예수님과 같이 "내 사랑하는 아들이요 내 기뻐하는 자라" 말씀하시는 하나님의 음성을 들어야 합니다. 내 이름이 아름다워지려면 내가 하나님과 연합하기 위해서 들어야 하는 말씀입니다. 하나님을 사랑하는 자, 하나님을 기뻐하는 자, 믿음의 사람만이 하나님의 뜻을 알 수 있습니다. 하나님의 놀라운 계획과 섭리 가운데 하나님께서 사랑하시는 자로 하나님이 기뻐하는 자로 인정받고 쓰임 받으시기를 바랍니다.   〈2022.10.10. 설교말씀 中〉

다시 말씀으로 +3

마태복음 4장 4절

...사람이 떡으로만 살 것이 아니요 하나님의 입으로부터 나오는 모든 말씀으로 살 것이라...

"성령이 이끄시는 삶 말씀이 다스리는 삶"
사람들은 100점짜리 인생을 꿈꿉니다.
열심도 지혜도 돈도 명예도 100점짜리 인생을 만들 수 없습니다.
100점짜리 인생은 "마음먹기"에 달려있습니다.
하지만 스스로 마음을 먹는다고 할지라도 그것은 곧 허물어지고 맙니다.
그 이유는, 내가 아니라 내 마음의 주인이 하나님이시기 때문입니다.
마음의 주인이신 성령이 다스리시지 아니하시면 거짓과 탐심과 욕망과
나태함에 사로잡히게 됩니다.
성령이 나를 이끄시고, 하나님의 말씀이 충만할 때 마음을 지킬 수 있습니다.
예수님께서 성령의 이끄심으로 광야에서 시험을 받으셨습니다.
성령이 이끄신 광야는 시험장이었습니다.
그 광야에서 성령의 이끄심과 말씀의 다스림으로 마귀의 시험에서 승리하셨습니다.
세상은 우리의 시험장입니다. 걱정하지 마십시오.
염려하지 마십시오. 두려워하지 마십시오.
성령이 이끄시고, 말씀이 다스리시면 마귀의 시험을 능히 이길 수 있습니다.
우리 인생 가운데 어떤 시험을 받는 것보다 중요한 것은,
"내가 무엇에 이끌려 살고, 무엇의 다스림을 받는가?"입니다.
시험 앞에 말씀 충만으로, 성령 충만으로 승리하는,
인정받는 믿음의 사람이 되시기를 바랍니다.

〈2022.10.12. 설교 말씀 中〉

다시 말씀으로 +4

마태복음 4장 20절

그들이 곧 그물을 버려 두고 예수를 따르니라

"하나님의 은혜는 다시 시작할 수 있다는 선포이다."
믿음의 세계에서 "다시"라는 말은 중요한 의미가 있습니다.
그 이유는 하나님의 뜻은 하루아침에 이루어지지 않기 때문입니다.
"다시 시작"에는 세 가지가 있습니다.
첫 번째의 다시 시작은, 반복되는 시작입니다. 이것은 시작이라기보다, 계속입니다.
우리의 예배와 기도, 신앙생활과 일상생활은 매일 반복됩니다.
하지만 매일같이 반복되는 삶이라 할지라도,
날마다 말씀으로 결단하고 순종할 때 가능합니다.

두 번째의 다시 시작은, 발전적인 시작입니다.
지난날의 성찰과 반성으로 더 좋아지는 것, 더 발전하는 것입니다.
계속되는 예배를 통해서 다시 은혜를 발견하고, 다시 새로운 꿈을 꾸고, 다시 사명을 발견합니다.

세 번째 다시 시작은, 변화의 시작입니다.
이 변화는 죄인이 의인이 되고, 육적인 인생이 영적인 인생이 되고, 세상 사람이 사명자가 되는 변화입니다.
예수님께서는 베드로를 부르셨습니다. 베드로는 곧 그물과 배를 버리고 예수님을 따랐습니다. 예수님께서는 야고보와 요한을 부르셨습니다. 야고보와 요한도 곧 배와 아버지를 버리고 예수님을 따랐습니다.
이들은 즉시 결단했고 순종했습니다. 이들은 사람을 낚는 어부, 제자가 되었습니다.
자신의 이익만 만을 위한 인생이 하나님의 쓰임 받는 도구가 되었습니다.
사도바울은 "나는 날마다 죽노라" 고백합니다.
매일 말씀으로 주를 따라 살겠다는 결단과 순종의 고백입니다.
"다시 시작"의 결과는 쓰임 받음입니다.

〈2022.10.13. 설교 말씀 中〉

| **다시 말씀으로 +5** | 마태복음 13장 44절

천국은 마치 밭에 감추인 보화와 같으니 사람이 이를 발견한 후 … 소유를 다 팔아 그 밭을 사느니라 |

"주 예수보다 더 귀한 것은 없습니다."
천국은 복음은 구원은 믿으면 누구나 가는 싸구려가 아닙니다.
천국은 이 땅에서부터 시작됩니다. 천국이 하나님의 나라이고, 천국은 곧 하나님이십니다.
우리는 예수 그리스도를 믿는 순간부터 하나님 나라의 백성이 됩니다.
천국과 복음, 구원을 위해 힘쓰고 애쓰고 노력하는 것이 그리스도인의 정체성입니다.
성경은 천국은 모든 것을 걸고, 모든 것과 바꿀 수 있는 가치라 말합니다.

천국은 나의 인생에 어떤 가치가 있습니까? 천국은 나의 인생에 무엇입니까?
하나님의 나라는 내 욕심과 내 뜻을 위한 나라가 아니라 오직 하나님을 위한 하나님 나라입니다. 어떤 사람이 예배합니까? 예배의 가치를 아는 사람이 예배합니다.
어떤 사람이 기도합니까? 기도의 가치를 아는 사람이 기도합니다.
어떤 사람이 생명을 걸고 사명을 감당합니까?
맡겨주신 사명의 가치를 아는 사람이 생명을 겁니다.
천국, 구원, 복음, 신앙, 사명의 가치가 무엇인지를 깨달아야 합니다.
그리고 결단해야 합니다.
천국을 위해서 무엇을 버릴 수 있습니까?
더 좋은 것이 있다면 반드시 그것에는 희생과 결단이 동반된다는 것을 기억하십시오.
하나님 앞에 절대 공짜는 없습니다. 하나님 앞에 우연은 없습니다.
하나님 앞에는 결단과 희생만이 있을 뿐입니다.
이미 채워진 물컵을 쏟아내야 새로운 물을 채울 수 있듯이 하나님을 위해서, 복음을 위해서 교회를 위해서 사명을 위해서 내 안에 있는 것을 쏟아버리고 결단하시기를 바랍니다.
"세상 즐거움 다 버리고 세상 자랑 다 버렸네
주 예수 보다 더 귀한 것은 없네
예수 밖에는 없네"

〈2022.10.14. 설교 말씀 中〉

다시 말씀으로

+6

마태복음 16장 16절

시몬 베드로가 대답하여 이르되 주는 그리스도시요 살아 계신 하나님의 아들이시니이다

"신앙의 첫 단추는 나의 신앙고백입니다."
우리의 영적인 경쟁자는 누구입니까?
무엇이 우리의 시간을 물질을 마음을 점유하고 있습니까?
바른 신앙고백이 있어야 무엇을 경계하고, 무엇에 생명을 걸고,
무엇을 위하여 영적 전쟁을 치러야 하는지 알게 됩니다.
예수님께서는 완전하고도 화려하고, 거대한 우상이 자리 잡은 도시에서 제자들에게 물으셨습니다. "나를 누구라 하느냐?" 그리고 제자들에게 물으셨습니다.
"너희는 나를 누구라 하느냐?" 나는 예수를 누구라고 고백하고 있습니까?
주는 그리스도시요 살아계신 하나님이 아들이라는 고백이 있습니까?

초대교회 사람들과 지금 현대 교회의 차이점은, 신앙과 생명의 일치 여부입니다.
초대교회 성도들은 자신의 신앙고백에 목숨을 걸었습니다.
우리의 신앙고백에 생명이 있습니까? 예배에 목숨을 걸고 있습니까?
기도를 생명을 걸었습니까?
신앙고백은 적당함도, 평안함도 형통, 번영, 풍요가 아닙니다.
내가 바라는 것, 내가 원하는 것을 위한 것도 아닙니다.
세상이 교회를 멸시하는 이유가 무엇입니까?
살아계신 하나님을 고백하는 신앙고백이 없기 때문입니다.
우리의 신앙이 다시 회복되기 위해서는 바른 신앙고백이 있어야 합니다.
세상의 근심거리인 교회가 다시 일어서기 위해서는 다시 말씀으로 회복되어야 합니다.
하나님은 베드로의 신앙고백 위에 그를 반석이라 하시고 그 반석 위에 교회를 세우실 것을 약속하셨습니다.
우리는 성도입니다. 우리의 고백 위에 교회가 세워집니다.
"주는 그리스도시요 살아 계신 하나님의 아들이시니이다"의 신앙고백이 다시 살아나기를 바랍니다.

〈2022.10.15. 설교 말씀 中〉

| **다시 말씀으로 +7** | 마태복음 18장 35절

...형제를 용서하지 아니하면 나의 하늘 아버지께서도 너희에게 이와 같이 하시리라

"용서가 삶이 되게 하라."
기독교가 다른 종교와 다른 점은 바로 "은혜"입니다.
은혜는 자격 없는 사람이 받은 은혜를, 자격 없는 사람들에게 베푸는 조건 없는 사랑입니다.
베드로는 예수님께 몇 번이나 용서해야 하는지 물었습니다.
예수님께서는 베드로의 물음에 일곱 번씩 일흔 번 용서하라고 말씀하십니다.
일곱 번씩 일흔 번의 의미는 숫자를 말하는 것이 아니라 용서가 삶이 되게 하라는 것입니다.

일상이 용서이고, 용서가 전부입니다. 세상에는 두 종류의 그리스도인이 있습니다.
하나는 정죄의 영에 사로잡힌 그리스도인이고, 다른 하나는 은혜의 영에 사로잡힌 그리스도인입니다. 정죄의 영에 사로잡힌 사람은, 은혜를 잊은 사람입니다.
일만 달란트를 탕감받은 종을 생각해 보십시오.
일만 달란트는 17만 년을 일해야 갚을 수 있는 돈 입니다.
감당할 수 없고, 소망이 없는, 상상할 수 없는 빚을 은혜로 일시에 탕감받은 것입니다.
그런데 이 은혜받은 종은 집을 돌아가다가 자신에게 백데나리온을 빚진 자를 만납니다.
백데나리온은 3개월의 품삯입니다. 충분히 갚을 수도 있는 돈입니다.
하지만 그는 목을 비틀고 빚을 갚으라 합니다.
하나님 앞에 갚을 수 없는 사랑과 은혜를 받았음에도 용서하지 못하고, 다른 사람의 허물을 덮어 주지 못하는 사람입니다.
반대로 은혜로 사로잡힌 사람은, 받은 은혜를 기억하는 사람입니다.

우리의 힘으로는 일곱 번씩 일흔 번 용서할 수 없지만, 받은 은혜를 기억하면 용서가 삶이 되게 할 수 있습니다. 하나님께 받은 은혜, 사랑, 관심, 배려, 축복을 기억하며 사십시오.
용서는 예수님이 명령입니다. 용서는 선택이 아닙니다. 용서는 우리의 의무입니다.
스데반 집사는 하나님의 사랑과 복음을 전했습니다. 하지만 스데반의 은혜와 사랑을 받은 사람들은 그를 향해 돌을 들었습니다. 하지만 스데반은 하나님께 받은 용서를 돌려주었습니다.
"주여, 이 죄를 그들에게 돌리지 마옵소서."

〈2022.10.16. 설교 말씀 中〉

다시 말씀으로 +8

마태복음 20장 16절

이와 같이 나중 된 자로서 먼저 되고 먼저 된 자로서 나중 되리라

"먼저 믿었다고 교만하지 말고, 나중 믿었다고 낙심하지 말라."
나중 된 자는 열심히 살고 먼저 된 자는 품위를 지켜야 합니다.
우리는 우리의 가치대로 우리의 생각대로 우리의 기준대로 살지만, 반드시 하나님의 기준이 있습니다.

성도는 하나님의 가치와 기준에 따라 살아야 합니다.
사람의 기준과 하나님의 기준은 다릅니다.
오늘 본문은 먼저 맡김 받은 자와 나중에 맡김 받은 자가 등장합니다.
주인은 오전 9시, 오후 12시, 오후 3시, 오후 5시에 일꾼을 찾습니다.
주인은 결산을 앞둔 시간까지 일꾼을 찾으셨습니다. 이것이 주인의 마음입니다.
한 사람이라도 찾으십니다. 한 사람이라도 더 구원하기 위해서 종말을 연기하십니다.
주인은 나중 온 자부터 먼저 온 자의 순서로 결산을 했다는 것을 기억하십시오.
오후 5시에 온 일꾼은 한 달란트를 받았습니다.
먼저 온 사람들은 이를 보고 기대했을 것입니다.
하지만 먼저 온 사람도 나중 온 사람도 모두 한 달란트를 받았습니다.

평생을 믿었거나, 나중에 믿었거나 천국은 공평합니다. 천국은 은혜입니다.
비교의식에 넘어지지 마십시오. 신앙은 대가가 아닙니다.
일찍 믿은 것이 은혜입니다. 먼저 은혜 받고 사명 감당함이 은혜입니다.
오후 5시에 부름 받은 자는 일자리를 찾기 위해 하루 종일 기다렸습니다.
그 마지막 기회를 놓치지 말아야 한 달란트의 은혜를 받는 것입니다.
나중 믿은 것도 은혜입니다.
먼저 부름받은 사람이나, 나중 받은 사람이나, 모두 은혜받았음을 기억해야 합니다.
오직 나는 은혜 받은 사람입니다.

〈2022.10.17. 설교 말씀 中〉

다시 말씀으로 +9

마태복음 25장 13절

그런즉 깨어 있으라 너희는 그 날과 그 때를 알지 못하느니라

"형식이 내용을 대신할 수 없다."
오늘 본문은 천국에 대한 이야기입니다. 하나님께서 원하시는 삶은 우리가 지혜롭게 사는 것입니다. 우리는 깨어 근신하라는 경고를 받았습니다.
미리 경고를 받았음에도 왜 미련한 다섯 처녀와 슬기로운 다섯 처녀가 있는 것일까요?

신앙은 형식이 중요한 것이 아니라 내용이 중요하기 때문입니다.
열 처녀 모두 기다렸고 돌아가거나 포기하지 않았고 결국 열 처녀 모두 잠이 들었습니다.
겉으로 볼 때는 아무런 차이가 없어 보이지만 이들의 큰 차이는 기름입니다.
기름이 준비되었는가? 준비되어 있지 않았는가? 우리가 이 말씀을 통해서 기억해야 할 것이 있습니다.

첫째, 위기에 내용이 무엇인지 드러나게 되어 있습니다. 믿음의 형식은 같지만, 반드시 내용이 드러날 때가 있습니다. 위기에 반드시 준비된 기름이 필요합니다. 연조, 직분, 사명이 중요한 것이 아니라 성령충만, 말씀충만, 은혜충만이 중요합니다.

둘째, 준비는 내가 해야 합니다. 누군가 준비를 대신할 수 없습니다. 내가 어떻게 믿느냐가 중요합니다.
하나님은 손주가 없으십니다. 하나님께는 자녀만 있습니다. 오직 하나님이 내 아버지가 되어야 합니다. 내가 준비해야 합니다. 구원받고 내가 성령충만해야 합니다.

셋째, 기회는 언제나 있는 것이 아닙니다. 잔치 집의 문은 반드시 닫히게 되어 있습니다. 기회는 준비된 사람만이 잡을 수 있다는 것입니다.

"...보라 지금은 은혜 받을 만한 때요 보라 지금은 구원의 날이로다" (고후6:2)
지금 구원과 영생을 준비해야 해야 할 때입니다. 지금 최선을 다하지 않으면 내일은 없습니다. 지금 결단하고 준비함으로 오늘, 내일 그리고 영생과 천국을 준비하시기를 바랍니다.

〈2022.10.18. 설교 말씀 中〉

다시 말씀으로 +10

마태복음 25장 45절

…이 지극히 작은 자 하나에게 하지 아니한 것이 곧 내게 하지 아니한 것이니라 하시리니

"내가 양인 것을 행함으로 보여 주라."
마태복음 25장은 천국의 비유로 시작해서 심판으로 이어집니다.
오늘 본문의 시작은 양과 염소의 비유로 시작되는 본문입니다. 교회의 사명이 무엇일까요?
교회의 사명은 염소를 양으로 변화시키는 것입니다.
우리의 삶에서 중요한 것은 내용입니다. 우리의 중심입니다.
내가 양이라면, 양이 되려면 어떤 인생을 살아야 합니까?

첫째, 양이 되려면 하나님의 상속자가 되어야 합니다. 하나님이 자녀가 되는 것입니다.
우리가 예배하고, 기도하고, 헌신하고 봉사하는 일은 모두 하나님이 상속자가 되기 위함입니다. 상속자는 천국을 상속받고 하늘의 신령한 복을 누립니다.
그래서 상속자가 해야 할 일은 매일 찬송하고 감사하는 일입니다.

둘째, 믿음으로 사랑으로 주님을 섬기는 사람입니다. 어떤 사람이 믿음 있는 사람입니까?
그 받은 사랑으로 믿음으로 주님을 섬기는 사람입니다.
믿음으로 예배하고 기도하고 봉사하고 서로를 돌보는 사람입니다.
천국의 상속자는 믿음을 행함으로 증명한 사람들입니다.
믿음을 행함으로 보여 주어야 합니다.

셋째, 주님을 사랑함으로 이웃을 섬기는 사람입니다.
내가 축복받는 것이 중요한 것이 아니라, 내가 좋은 이웃이 되는 것이 중요합니다.
"하나님을 사랑하기 때문에 이웃을 사랑합니다."라는 고백이 있어야 합니다.
제일 무서운 것이 신앙의 이기심입니다. 주님을 사랑하는 마음으로 이웃을 섬기십시오. 하나님의 사랑은 예수님을 통해서 확증하셨습니다.

우리가 이것을 믿을 때 성령을 부어주십니다. 성령 받아야 사랑할 수 있습니다.
믿음을 사랑을 섬김으로 보여 주십시오.

〈2022.10.19. 설교 말씀 中〉

다시 말씀으로 +11

마가복음 2장 5절

예수께서 그들의 믿음을 보시고 중풍병자에게 이르시되 작은 자야 네 죄 사함을 받았느니라 하시니

"무엇이 중요합니까?"
예수님께서 가버나움의 한 집에서 가르치실 때 지붕을 뚫고 내려오는 중풍 병자가 있었습니다. 그들은 지붕을 뚫고 침상을 내려서라도 예수님께 치유 받기를 원했습니다.
문제를 만나면 포기하고 낙망하는 사람이 있습니다. 또는 온 힘을 다해 불굴의 의지로 극복하려는 사람도 있습니다. 그리고 오늘 본문처럼 예상하지 못한 장애물 앞에 생각하지도 못한 창의적인 믿음을 발휘하는 사람도 있습니다.
겨자씨만 한 믿음이라고 산을 옮길 능력이 있습니다. 믿음이 작고 큼의 문제가 아닙니다. 온전한 믿음이 중요합니다. 작을지라도 살아있는 믿음이 능력 있는 믿음입니다.
중풍 병자와 친구들은 예수의 소문을 들었고, 그것을 믿었습니다.
그리고 예수님 만나기를 간절히 원했습니다. 바라는 것이 실상이 될 때까지 포기하지 않았습니다. 이 간절한 믿음은 하나님을 기쁘시게 하는 믿음이었습니다.
이들은 믿음으로 하나가 되었고, 하나 된 믿음을 예수님께서는 보셨습니다.

그런데 예수님께서는 "내 믿음대로 될지어다." 또는 "병에서 놓임을 받으라." 선포하지 않으셨습니다. 예수님께서는 "죄사함을 받으라." 말씀하셨습니다."
예수님은 이들에게 "더 중요한 것"에 대해 말씀하셨습니다.
지금 우리가 바라고 원하고 기도하는 것보다 더 중요한 것이 있습니다.
병 고침을 받기를 원해서 창의적인 믿음을 발휘했지만, 예수님께서는 "죄사함"을 선포하셨습니다. 죄는 하나님과 원수 되게 합니다. 죄는 우리를 하나님과 멀어지게 만듭니다. 현재의 필요보다, 문제의 해결보다, 부자가 되는 것보다, 명예보다, 꿈을 이루는 것보다 더 중요한 것은 하나님과의 관계 회복입니다.
예배하는 것, 기도하는 것보다 하나님을 만나는 것이 중요합니다. 성령 안에 거하는 삶입니다. 하나님께서는 우리의 모든 것을 아십니다. 우리가 필요, 문제, 상처, 아픔을 모두 아십니다. 그런데 하나님이 원하시는 이것을 통해서 우리가 하나님과 더 깊어지는 것입니다. 우리가 바라는 것이 이루어지지 않는 것이 은혜입니다.
그렇게 얻은 것은 결국에는 죄가 되기 때문입니다.
가장 중요한 것은 내가 하나님을 만나고, 더욱더 가까워지는 것입니다.

〈2022.10.20. 설교 말씀 中〉

다시 말씀으로 +12

마가복음 3장 5절

...그들을 둘러 보시고 그 사람에게 이르시되 네 손을 내밀라 하시니 내밀매 그 손이 회복되었더라

"모두가 아니라고 할 때 예라고 할 수 있어야 합니다."
제자는 희생을 감수하고 욕먹기를 감수하고 예수님을 따르는 자들입니다.
제자는 하나님을 기쁘시게 하는 선택, 하나님의 영광을 위한 선택을 할 수 있어야 합니다.
오늘 본문은 예수님 당시의 유대인들은 종교적 규례에 대해서 엄격했습니다.
종교적인 규례를 생명같이 여기는 것은 물론 안식일에 대한 규례는 더 엄격히 지켰습니다.
예수님께서는 아무 일을 행해서 안 되는 안식일에, 규례와 상식을 깨고 손 마른 사람을 고쳐 주셨습니다. 예수님께서는 사람들의 질타, 수군거림, 핍박과 환난을 두려워하지 않으셨습니다.

안식일의 주인은 예수 그리스도이십니다. 예수님께서는 길이요, 진리요, 생명이십니다. 제자는 매 순간 진리인지, 진리가 아닌지, 살리는 일인지, 죽이는 일인지 분별해야 합니다. 교회가 해야 하는 일이 무엇입니까? 목회가 무엇입니까? 신앙생활이 무엇입니까?
그저 믿기만 하면 되는 것이 아니라 살리는 것입니다. 진리를 지키는 것입니다.
성경은 행하는 것은 보면 우리가 하나님의 자녀인지 마귀의 자녀일 줄 알 수 있다고 말씀하십니다.
"너희는 너희 아비 마귀에게서 났으니 너희 아비의 욕심대로 너희도 행하고자 하느니라 그는 처음부터 살인한 자요 진리가 그 속에 없으므로 진리에 서지 못하고..."(요 8장 44절)
성도는 모두가 아니라고 할지라도, "예"라고 할 수 있어야 합니다.
예수 그리스도의 오신 목적이 무엇일까요? 죽이기 위함이 아니라, 우리의 생명을 풍성히 하고 살리기 위함입니다. 예수님은 오늘 자신을 죽이려고 모의하는 사람들 앞에서 한 사람을 회복시킴으로써 교회의 본질을 말씀하셨습니다. 안식일의 본질은 회복입니다. 교회의 본질은 살리는 것입니다. 우리의 예배하고 기도하는 이유는 회복하기 위함이고, 영혼을 살리기 위함입니다. 예배를 통해서 다시 말씀이 회복되고 사명이 회복되어야 합니다. 다시 십자가로 돌아가십시오. 십자가 앞에서 내가 죽고 나를 통해 나라와 교회와 가정과 남편과 자녀들을 살아나야 합니다. 어느 때보다도 분별력이 필요한 때입니다. 말씀에 비춰보고, 성령께 물어보고, 양심에 비춰봄으로 믿음을 지키고 믿음대로 선택하는 삶을 사시기 바랍니다.

〈2022.10.21. 설교 말씀 中〉

다시 말씀으로 +13

마가복음 4장 8절

더러는 좋은 땅에 떨어지매 자라 무성하여 결실하였으니…

"같은 씨, 다른 땅"
예수님께서는 언제나 따르는 무리가 있었고, 그 무리에게 복음을 가르치셨습니다.
네 가지 밭에 대한 비유는 복음의 씨앗에 대한 성도의 반응을 비유로 말씀하신 것입니다.
하나님께서는 이 복음을 쉽게 말씀하셨지만, 이것은 귀 있는 자들만 들을 수 있다고 경고하십니다. 선포된 말씀을 믿으면 감춘 비밀이 드러나지만, 이것을 거부하고 믿지 않으면 이것이 더욱더 감춰집니다.

믿음의 사람들이 왜 변하지 않을까요? 무엇이 문제입니까?
본문의 말씀처럼 씨앗이 문제가 아니라. 씨앗 뿌리는 자가 문제가 아니라,
나의 밭이 문제입니다.
땅에 씨앗이 뿌려진다는 것은 열매를 맺기 위함입니다. 길가 밭도 돌짝 밭도 가시밭도 모두 열매를 내지 못했습니다. 오직 좋은 땅만 열매가 맺어졌습니다. 말씀을 듣는 것, 예배드리고 기도하는 것도 중요하지만, 그 후가 더 중요합니다.
들려진 말씀으로 어떻게 사느냐, 어떻게 적용하는지가 중요합니다.
매일 말씀을 듣고 성령을 누리고, 매일 몸부림치는 사람이 열매를 맺을 수 있습니다.

우리는 하나님을 원한다고 하면서도 하나님을 기쁘시게 하기를 원하면서도
인간적이고 세상적인 필요와 만족을 추구하며 바라봅니다.
하나님과 함께하면 모든 것을 이루어주십니다. 하지만 사람들은 무엇이 이루어져야 잘 믿는 것처럼 여깁니다. 좋은 밭이 되는 것이 먼저입니다.
좋은 밭이 되기 위해서 마음을 갈아엎고, 거름을 주어야 합니다.
아멘과 결단으로 순종과 충성으로 좋은 열매를 맺어야 합니다.
좋은 밭에 씨앗을 뿌리고 기다리고 기대하고 인내하면 반드시 하나님께서 이루어주십니다.
하나님은 실수하지 않으십니다.
"한 알의 밀이 땅에 떨어져 죽지 아니하면 한 알 그대로 있고 죽으면 많은 열매를 맺느니라"(요12:24)

〈2022.10.22. 설교 말씀 中〉

다시 말씀으로 +14	마가복음 4장 41절 그들이 심히 두려워하여 서로 말하되 그가 누구이기에 바람과 바다도 순종하는가 하였더라

"그가 누구이기에"

오늘 본문은 예수님의 명령으로 시작됩니다. 예수님께서는 제자들에게 "저편으로 가자."말씀하셨습니다. 그리고 그 배에서 거센 풍랑을 만나게 되었습니다. 오늘 본문이 우리에게 주는 세 가지 교훈이 있습니다.

첫째, 예수님이 말씀이 출발점입니다.

예수님의 말씀대로 했는데, 예수님과 제자들을 감당할 수 없는 풍랑을 만났다는 것입니다. 이 풍랑은 제자들의 허영심과 영적 자부심을 무너뜨렸습니다. 예수님은 때때로 우리를 풍랑 가운데로 인도하십니다. 이것은 우리의 믿음을 달아보기 위함입니다. 믿음을 흔들어 보기 위함입니다. 풍랑 가운데서 제자들의 반응을 보셨습니다.

"내 믿음대로 될지어다." 말씀하신 예수님께서 우리의 믿음을 보십니다.

둘째, 믿음은 반드시 행위로 나타납니다.

하나님께서는 오늘도 우리를 훈련하십니다. 풍랑 가운데서 제자들의 믿음의 실체가 드러났습니다. 큰 믿음이 중요한 것이 아니라 진짜 믿음이 중요합니다.

풍랑은 내 안에 숨겨져 있는 모든 것을 드러나게 합니다.

무리는 예수님으로 자신의 목적을 이루려고 하지만, 제자는 내 뜻을 내려놓고 주 뜻대로 삽니다.

셋째, 예수를 정확하게 알고 믿어야 합니다.

풍랑과 죽음을 두려워한 제자들은 파도와 바람을 잠잠케 하신 예수님도 두려워했습니다. 그리고 "그가 누구이기에" 라고 서로 묻습니다. 제자들은 어떤 사람들입니까?

그들은 예수님의 부르심을 듣고 배와 아버지를 버리고 따른 자들입니다.

이 제자들이 풍랑 가운데서 다시 예수님을 구주로 발견한 것입니다.

하나님의 아들이신 예수님을 바로 알게 되었습니다.

풍랑을 잠잠해진 기적이 중요한 것이 아니라, 그 일을 행하신 예수님께 집중해야 합니다. 말씀으로 몸부림치고 기도의 끈을 놓치지 않을 때도 거센 풍랑이 찾아온다는 것을 기억하십시오. 내 배에 예수님을 태우려 하지 말고, 내가 예수님의 배에 타야 합니다. 예수님의 배에 타야 예수님과 목적이 같아집니다. 좀 더 느리더라도 바르게 예수님과 함께하시기를 바랍니다.

〈2022.10.23. 설교 말씀 中〉

다시 말씀으로 +15

마가복음 5장 34절

예수께서 이르시되 딸아 네 믿음이 너를 구원하였으니 평안히 가라 네 병에서 놓여 건강할지어다

"믿음으로 인생의 마침표를 찍어라."
결혼반지의 가치는 보석의 값어치에 있는 것이 아니라,
반지에 담긴 두 사람의 이야기에 있습니다.
두 사람이 약속, 고난과 역경을 이겨내고 기쁨과 슬픔을 함께한 이야기가 그 반지의 가치를 귀하게 만듭니다.

성도는 하나님의 역사 속에서 가치 있는 인생을 살아야 합니다.
오늘 본문의 한 여인의 인생은 극심한 고통 가운데 있었습니다.
12년 동안 중병을 앓았고, 병을 고치기 위해서 인생의 모든 것을 탕진했고, 부정한 사람이라 멸시를 당했습니다.
중요한 것은 초라하고 소망 없는 이 여인이 자신의 인생을 그렇게 끝내지 않았다는 것입니다. 이 여인은 믿음으로 인생의 마침표를 찍었습니다.
예수님의 소문을 들었고, 예수님을 만나러 무리 가운데로 나갔습니다.
이 여인은 요행을 바란 것이 아니라 간절함으로 예수님의 옷자락을 잡았습니다.
"예수님을 만나면 문제가 해결된다. 예수님을 만나면 인생이 바뀔 수 있다."

믿음에는 진정성이 필요합니다. 기도에는 간절함이 있어야 합니다.
그래야 하나님의 역사 이야기 속에서 가치 있는 인생이 됩니다.
누구나 원하고 바라고 기도하는, 꿈꾸는 것들이 있습니다.
그런데 우리의 모습을 보십시오. 우리의 믿음은 진정성이 있습니까?
우리의 기도에 가슴이 터질 것 같은 간절함 있습니까?
진짜 믿음에 기적을 일으키고, 기도의 간절함에 응답하시는 하나님을 기억하십시오.

〈2022.10.24. 설교 말씀 中〉

다시 말씀으로 +16

마가복음 5장 36절

예수께서 그 하는 말을 곁에서 들으시고 회당장에게 이르시되 두려워하지 말고 믿기만 하라 하시고

"하나님의 시간은 정확하다."

회당장 야이로의 딸의 병은 위중했습니다. 야이로는 딸을 살리기 위해서 예수님께 나아왔습니다. 야이로의 집으로 가던 중 혈루병을 앓던 여인을 고쳐줌으로써 시간이 지체되었습니다. 야이로에게 예수님을 기다리던 사람들에게는 팽팽한 긴장감이 돌았습니다. 하나님의 시간은 언제나 정확하십니다. 하나님의 일의 순서는 하나님의 뜻입니다. 하나님의 시간표를 내 시간표에 맞추려 하면 안 됩니다.

열두 해를 혈루병으로 앓던 여인은 살아났고, 열두 살 먹은 야이로의 딸은 죽었습니다. 한 사람에게는 기쁨이, 한 사람에게는 절망이 찾아왔습니다. 예수님은 딸이 죽었다는 소식을 들은 야이로에게 "두려워 말고 믿기만 하라." 말씀하십니다. 처음 예수님을 믿었던 그 믿음을 잃지 말라. 포기하지 말라 말씀하셨습니다.

두려움을 선택하지 말고 믿음을 선택하라고 말씀하셨습니다. 열두 해를 절망 가운데 살던 여인이 완전히 치유 받은 기적의 현장에 야이로도 함께 있었습니다. 야이로는 예수님의 기적을 경험했습니다. 하나님이 정한 기한이 목적을 이루실 때가 있습니다. 그런데 그때는 하나님만 아십니다. 더 안 되고, 더 절망적인 상황 같지만, 야이로에게 소망이 되었습니다.

우리의 신앙을 돌아보십시오. 우리는 수많은 믿음의 기적을 경험하면서 믿음이 더 좋아지셨습니까? 매 순간 하나님의 은혜로 살면서 믿음이 더 좋아지셨습니까?

예수님께서 보시는 것은 상황과 형편과 처지가 아니라, 우리의 믿음입니다.

예수님은 죽은 딸을 보시고 잔다고 말씀하셨고, 사람들은 예수님을 비웃었습니다.

사람들은 자신이 경험하고 이해하는 것만을 믿습니다. 성도에게는 영적인 경청이 중요합니다. 중요한 것은 주변의 소리에 귀 기울이지 말고, 하나님에 음성에 귀 기울이는 것입니다. 믿음은 들음에서 나고, 들음은 하나님의 말씀이기 때문입니다.

예수님께서 우리의 일상에 들려주시는 음성을 들어야 합니다. 특별한 은혜를 받으려고 하지 말고 오늘 나에게 말씀하시는 말씀을 듣고 말씀대로 믿음대로 살아야 합니다.

예수 그리스도를 아는 사람이 아니라, 믿고 체험하는 사람이 되시기 바랍니다.

〈2022.10.25. 설교 말씀 中〉

다시 말씀으로 +17

마가복음 6장 42-43절

다 배불리 먹고 남은 떡 조각과 물고기를 열두 바구니에 차게 거두었으며

"기적 같은 삶을 원하면 너희 것을 주라."

마가복음 6장에는 전혀 다른 두 잔치가 등장합니다. 첫 번째 잔치는 헤롯 궁전에서 열린 헤롯의 생일잔치입니다. 이 잔치는 완벽하고 호화스럽고 세상의 귀한 사람들이 모였지만 죽음의 잔치입니다. 두 번째 잔치는 예수님이 배고픈 자들을 위해 베푸신 잔치입니다. 들판에서 장정만 오천 명, 어린아이와 여자들까지 이만 명을 먹인, 보리떡 다섯 개 물고기 두 마리로 시작된 생명의 잔치였습니다.

우리는 이 생명의 잔치를 기적이라고 합니다. 예수님이 함께 하시는 자리에 기적이 일어납니다.

기적의 원리 첫 번째는, 긍휼한 마음입니다.

예수님께서는 무리를 목자 없는 양과 같이 불쌍히 여기셨습니다.

불쌍히 여기는 마음이 예수님의 마음입니다. 긍휼히 여기는 마음이 기적의 출발입니다. 기적의 원리 두 번째는, 작은 헌신입니다.

기적은 작은 것에서 일어납니다. 기적 같은 삶을 원하면 작은 것을 헌신하십시오.

작은 것이라 할지라도 주님의 손에 들리면 이웃에게 나눌 수 있습니다.

기적은 나누면서 시작이 되는 것입니다.

제자들은 "너희가 먹을 것을 주라."는 예수님의 말씀을 듣고 어떻게 반응했습니까?

상식적이고, 합리적이고, 계산적이고, 현실적으로 반응했습니다.

이러한 반응은 기적을 만들 수 없습니다. 오늘 우리에게 "너희가 주라." 말씀하십니다.

여러분은 어떻게 반응하시겠습니까?

기적은 예수님의 마음을 알고, 예수님과 함께할 때 일어납니다.

예수님의 말씀대로 내 것을 나눌 때 일어납니다.

끌어모으려는 마음, 욕심과 탐욕과 이기심을 채우기 위한 마음으로는 기적의 잔치를 베풀 수 없습니다. 나의 작은 것을 나누고 베풀고 섬기고 헌신할 때 다 배불리 먹고 열두 광주리가 남는 역사가 일어납니다.

우리가 무엇으로 하나가 될 수 있습니까? 연합하고, 동거하고 나눌 때 하나 되고 아름답게 합니다. 서로를 위해 기도하고 나누고 섬기는 일에 헌신하는 그리스도의 제자들이 되시기를 바랍니다. 나누면 남는다!

〈2022.10.26. 설교 말씀 中〉

다시 말씀으로 +18

마가복음 7장 34절

하늘을 우러러 탄식하시며 그에게 이르시되 에바다 하시니 이는 열리라는 뜻이라

"감동이 있는 신앙생활을 하라."
예수님의 섬김은 상대방을 위한 상대방을 배려하는 섬김이었습니다.
예수님께서는 듣지 못하고 말 더듬는 사람을 따로 데리고 무리를 떠나 고치시고,
그것을 아무에게도 이르지 말라 하셨습니다. 이것이 우리에게 감동입니다.
문제를 가지고 나온 자를 위한 섬김이자, 배려였습니다. 섬김은 감동이 되어야 합니다.
나를 위한 나눔이 아니라, 상대의 입장에서의 나눔이 되어야 합니다.

예수님의 섬김의 모습 첫째는, 하늘을 바라보셨습니다. 성도의 사역의 근원은 하늘 아버지이십니다. 모든 것이 하나님과의 관계가 먼저입니다. 모든 것은 하늘로부터 시작되고 하늘로부터 끝나는 것을 예수님은 알고 계셨습니다.
하늘을 보는 것이 무엇입니까? 기도입니다. 하늘의 뜻이 땅에 이루어지기를 기도해야 합니다. 매일 같이 이스라엘 백성들에게 만나를 내리신 이유는 바로 하늘을 우러러보게 하기 위함이었습니다. 우리는 우리의 근원이 살아계신 하늘 아버지이심을 기억해야 합니다.
예수님의 섬김의 모습 둘째는, 탄식하십니다. 하늘만 바라보신 것이 아니라, 땅도 바라보셨습니다. 예수님께서는 이 땅에 오셔서 육신의 필요와 고통과 문제를 몸소 경험하셨고 결국 모든 것을 이기셨습니다.
예수님의 치유는 기능적인 치유가 아닙니다. 예수님의 치유는 함께하는 치유입니다.
마음을 함께하고 고통을 함께하고 모든 상황과 형편에 함께 하는 치유입니다.
예수님의 섬김의 모습 셋째는, 손대셨습니다.
손을 대셨다는 것은 구체적이고 적극적으로 행동하셨다는 것을 의미합니다.
하나님은 사랑이십니다. 이 사랑을 행동으로 보여 주셨습니다.
사랑이 무엇입니까? 먼저 다가가는 것입니다. 먼저 행동하는 것입니다.
먼저 손 내밀고, 먼저 배려하고, 먼저 기도하는 것입니다. 예수님께서는 하늘을 우러러 탄식하시고, 손대셨습니다. 그리고 "에바다"를 선포하셨고, 그의 귀는 열리고 혀는 풀리는 기적이 일어났습니다.
오늘 우리도 귀가 열려서 하나님의 말씀을 들어야 합니다. 들어야 말할 수 있습니다. 들어야 순종할 수 있습니다. 들어야 사명을 감당할 수 있습니다. 들어야 감동적인 신앙생활을 할 수 있습니다.

〈2022.10.27. 설교 말씀 中〉

다시 말씀으로 +19

마가복음 8장 34절

...누구든지 나를 따라오려거든 자기를 부인하고 자기 십자가를 지고 나를 따를 것이니라

"죽어야 산다."
예수님께서는 바른 선택과 옳은 결정을 하고 나를 따르라 말씀하십니다. 살든지 죽든지 둘 중 선택해야 합니다. 신앙은 중간지대가 없습니다. 오늘 본문의 큰 주제 하나는 죽어야 산다는 것입니다.
죽기를 선택하는 중요한 요소 첫 번째, 자기를 부인하라.
자기를 부인하고, 십자가를 지라. 예수와 함께 살기 위해서는 고난받기를 결정해야 합니다. 함께 하려면 자신의 것을 내려놓아야 합니다. 자신의 것을 희생하면 할수록, 덜어내면 낼수록 주님이 함께하십니다.
죽기를 선택하는 중요한 요소 두 번째는, 생명을 걸어라.
신앙은 하나님의 일방적인 요구입니다. 순종할 것인지 불순종할 것인지를 결정하십시오. 예배가 힘드십니까? 예배에 생명을 거십시오. 기도에 응답이 없으십니까? 기도에 생명을 거십시오. 우리는 영적인 것에 생명을 걸었는가를 생각해야 합니다. 생명을 걸었으면 다시는 돌아올 생각을 해서는 안 됩니다. 죽기를 선택하는 중요한 요소 세 번째는, 절대 바꿀 수 없다.
예수님께서는 "천하를 얻고도 자신을 잃으면 무슨 소용이겠느냐?"하고 물으십니다. 천하를 얻는 것과 십자가를 지는 것은 반대입니다. 하나님께서는 세상과 절대 바꿀 수 없는 것을 주셨습니다. 세상을 얻지 못할지라도 자기를 부인하는 자가 영생을 얻게 된다는 것을 기억하십시오.

오늘 본문의 큰 주제 또 하나는 "그렇다면 나에게는 어떤 신앙의 고백이 있는가?"입니다. 기원전 64년 7월 19일 로마에 큰 화재가 있었습니다. 5일 동안 계속된 화재는 로마를 폐허로 만들었습니다. 네로는 민심을 잠재우기 위해서 화재의 원인을 기독교인들의 소행으로 돌리고, 무차별하게 기독교인들은 학살하기 시작했습니다. 예수를 부인하면 살고, 예수를 고백하면 죽었습니다. 그때 기독교인들을 위로하기 위해 쓰인 책이 마가복음입니다. 여러분은 예수를 부인하고 살고 있습니까? 나를 부인하고 죽고 있습니까? 신앙은 자신에 대한 물음이 있어야 합니다. 질문하지 않는 신앙은 성장하지 않는 신앙입니다. 내 주인이 누구이십니까? 내 뜻을 주장하고 있습니까? 하나님의 뜻을 주장하고 있습니까? 나를 부인하고, 예수를 따르기 위해서 영생을 위해서 얼마나 참고, 헌신하고 희생하고 있습니까? 내가 죽어야 삽니다. 내가 죽어야 가정이 삽니다. 내가 죽어야 직장이 삽니다. 내가 죽어야 교회가 삽니다. 죽어야 삽니다!

〈2022.10.28. 설교 말씀 中〉

다시 말씀으로 +20

마가복음 10장 45절

인자가 온 것은 섬김을 받으려 함이 아니라 도리어 섬기려 하고 …

"협력하면 기적이 일어난다."
어려운 길도 함께 헌신하고 봉사하고 기도하고, 서로 등을 내어주고, 손을 잡아주면 끝까지 갈 수 있습니다.
오늘의 본문은 "섬기는 주님, 으뜸이 되려는 제자들"에 대해서 말씀하고 있습니다.
섬김은 오래 믿는다고 되는 것이 아닙니다. 섬김은 반드시 희생이 필요합니다.
세상은 우리를 윤리와 도덕적인 기준으로 판단하지만, 하나님께서 보시는 것은 마음입니다.
야고보와 요한은 원하고 바라고 기도하는 것이 있었습니다.
그것은 예수님을 통해 자신의 욕심을 채우고 자신의 욕망을 이루기 위함이었습니다.
예수님을 통해서 무언가를 이루려고 하는 제자들에게 믿음의 진정성은 없었습니다.
제자들은 예수님을 따를 때 가정도 버리고, 재산도 버리고 생업도 버렸습니다.
제자들은 모든 것을 버리고 예수님을 따랐습니다. 제자들에게는 보상 심리가 있었습니다.
우리도 그렇지 않습니까?
때로는 헌신과 봉사와 섬김이 보상받기를 원할 때가 있지 않습니까?
그러나 예수님을 따르는 것은 으뜸이 되고자 하는 것이 아니라, 도리어 섬기는 것입니다. 이것이 예수님께서 이 땅에 오신 목적입니다. 예수님의 섬김은 말로만 하는 것이 아니라 몸소 실천하시고 본이 되셨습니다. 예수님께서는 제자들의 발을 씻기셨고, 부활하신 후 제자들을 찾아오셔서 조반을 먹이셨습니다.
예수님께서는 지극히 작은 자 하나에게 한 것이 나에게 한 것이라 말씀하십니다.
하나님 나라에서 가장 큰 자는 섬기는 자입니다. 사람들 위에 군림하지 말고, 밑으로 들어가십시오. 사람들 밑으로 기어들어 가서 남을 일으키고. 받치고, 세워주고, 살리는 사람이 되십시오. 우리에게 물질을 얻을 능을 주신 것도, 능력과 재능을 주신 것도, 생명을 주신 것도 모든 것을 섬기기 위함입니다.
직장을 섬기고 가정들을 섬기고 교회를 섬기기 위함입니다. 하나님께서 주신 사명을 위해 섬기기 위함입니다. 역지사지의 마음을 가지고, 함께 울고 웃는 공감의 마음으로 먼저 섬기는 자가 되십시오. 섬김을 통해 우리의 삶이 완성됩니다.

〈2022.10.29. 설교 말씀 中〉

다시 말씀으로 +21

누가복음 5장 5절

...밤이 새도록 수고하였으되 잡은 것이 없지마는 말씀에 의지하여 내가 그물을 내리리이다 하고

"남김없이! 후퇴없이! 후회없이!"
"다시"는 복음 중의 복음이고, 은혜의 선언입니다.
다시 말씀을 듣고 다시 은혜받고 다시 기도하고 다시 회복하고 다시 축복받기를 기대하십시오. 다시는 계속하는 것이고 발전하는 것이고 변화하는 것을 의미합니다.
예수님께서는 신앙생활을 건축하는 것에 비유했습니다. 우리는 공사중이어야 합니다.
매일 성장하고, 변화하고, 고치고 수리해야 합니다. 이것이 성화입니다.
예수님은 수많은 어부 가운데 시몬 베드로에게 찾아오셨고 베드로의 인생은 변화되었습니다. 예수님께서는 그에게 깊은 곳에서 그물을 내리라 하셨고, 베드로는 말씀에 의지하여 그물을 내렸습니다. 베드로는 실패의 인생이었습니다. 수고하고 애쓰고 쉬지 않았지만 거둔 것이 없었습니다. 하지만 베드로는 "다시" 말씀에 의하여 그물을 내립니다.

베드로 중요한 변화 첫 번째는, 예수님을 선생에서 주님으로 고백했다는 것입니다.
다시 시작하기 위해서는 하나님이 우리의 주인이 되셔야 합니다.
예수님이 함께하셔야 합니다. 오직 예수님의 말씀에 의지했을 때 기적이 일어났습니다. 베드로 중요한 변화 두 번째는, 새로운 사명으로 거듭나게 되었다는 것입니다.
물고기를 낚는 어부에서 사람을 낚는 어부가 되었습니다.
베드로는 감동에 은혜에 감사에 머물러 있지 않고 사명에 인생을 던졌습니다.
새로운 사명을 시작하면 하나님께서는 새 은혜를 부으십니다. 새 은혜 새로운 축복을 바라면서 과거의 사명에만 매여 있어서는 안됩니다. 은혜를 받았으면 새로운 사명으로 사십시오. 여러분은 예수님의 팬입니까? 제자입니까? 언제든지 변하고 흔들리는 팬의 신앙을 버리고 신실한 예수 그리스도의 제자로 사십시오. 사명자는 남김없이 헌신합니다. 사명자는 후퇴없이 뒤를 돌아보지 않습니다. 사명자는 후회없이 세상의 가치에 집착하지 않습니다.
우리에게 말씀이 들려지는 순간이 인생 최고의 순간입니다. 오는 나에게 찾아오셔서 선포하시는 말씀을 들으십시오. 말씀으로 다시 도전하고 새로운 사명에 결단하는 제자들이 되시기를 바랍니다.

〈2022.10.30. 설교 말씀 中〉

다시 말씀으로 +22

누가복음 6장 45절

선한 사람은 마음에 쌓은 선에서 선을 내고 악한 자는 그 쌓은 악에서 악을 내나니 …

"성도는 품격을 가져야 한다."
오늘 예수님께서는 비유로 말씀하십니다. 비유는 사실을 더욱더 분명하게 드러냅니다. 그래서 비유는 막강한 힘을 가지고 있습니다.
맹인의 비유는 내가 먼저 영적인 맹인이 아닌지를 점검하라는 말씀입니다.
맹인이 맹인을 인도하면 모두 구덩이에 빠지고 맙니다.
먼저 은혜받았지만, 먼저 믿었지만 나는 영적인 맹인이 아닙니까?
진리를 알지만 경험해 본 적 없고, 순종해 본 적 없고, 희생해 본 적 없다면
영적인 눈먼 자입니다. 나도 맹인이 될 수 있다는 것을 기억해야 합니다.
티와 들보의 비유는 남을 함부로 비판하거나 판단하지 말라는 것입니다.
우리의 신체 구조는 원래 나보다 남을 보는 것이 더 쉽습니다.
그래서 나의 들보를 보지 못하고 남의 티를 먼저 보게 됩니다.
누군가를 판단하고 정죄 할 수 있는 분은 하나님이시라는 것을 기억해야 합니다.

성도는 비판과 판단을 멈추고 감사하는 사람입니다.
나는 옳고 너는 틀렸다 말하는 죄인의 삶을 버리고 하나님의 눈으로 세상을 바라보십시오.
마지막 열매의 비유는 말씀하시는 반드시 심는 대로 거둔다는 것입니다.
우리의 신앙의 열매는 교회가 아닌 가정에서, 일터에서 세상에서 드러납니다.
신앙의 열매는 일상에서 맺어지고, 그 열매는 좋은 나무인지, 나쁜 나무인지를 증명합니다.
예수님께서 우리에게 오늘 주는 교훈은 "그리스도인의 인격"입니다. "그리스도인의 품격"입니다. 예수 그리스도의 제자로서의 품격을 갖추고 계십니까?
성도의 품격은 하나님을 사랑하고, 우리에게 부어진 하나님의 사랑으로 이웃과 성도와 세상을 사랑하는 것입니다.

〈2022.10.31. 설교 말씀 中〉

| 7부 | 열 번째 2022 가을 42일 특별새벽부흥축제 설교

다시 말씀으로 +23

누가복음 10장 37절

...예수께서 이르시되 가서 너도 이와 같이 하라 하시니라

"내가 강도 맞은 사람이다"
예수님이 말씀이 하시는 경고의 말씀, 훈계의 말씀은 먼저 믿은 자, 은혜받은 자에게 주시는 말씀입니다. 사랑에게는 공통적인 특징이 있습니다. 그것은 사람은 한번 밖에 살지 못한 다는 것이고, 또 하나는 그 한 번밖에 살지 못하는 인생을 혼자서는 살 수 없다는 것입니다. 인생의 성공의 비결, 승리의 비결이 만남입니다. 신앙의 승리자가 되기 위한 만남에는 기도하는 부모, 믿음의 친구, 믿음의 본이 되는 스승, 믿음의 배우자가 있습니다. 하지만 이 네 가지의 만남이 이루어지지 않았다고 할지라도, 좌절할 것이 없습니다.
예수 그리스도를 만난다면, 예수 그리스도와 함께 한다면 그것이 인생의 성공이자, 승리자입니다.

오늘 비유는 여행길에서 강도 만난 사람이 등장합니다.
그는 소유를 빼앗기고, 매 맞고, 거반 죽게 되었습니다.
서서히 죽어가는 인생입니다. 인생의 나그넷길에서 우리도 이런 강도를 만날 수 있습니다. 좋은 만남이 인생의 승리자로 만든다는 것을 알지만 그것이 내뜻대로 되지 않습니다. 우리는 빈 몸으로 와서 빈 몸으로 이 세상을 떠납니다.
수많은 짐을 스스로 지는 것으로 모자라 더 많은 짐을 지려고 경쟁하는 것이 인생입니다. 오늘 우리가 얻어야 하는 교훈이 무엇일까요? 우리도 인생길에서 강도 맞는 사람이었다는 것입니다. 우리가 거반 죽게 된 사람이었다는 것입니다.
우리는 무엇을 강도 맞았습니까?
신앙을 예배를 기도를 은혜를 사명을 사랑을 믿음을 강도 맞지 않았습니까?
강도 맞은 나에게 말씀하시고, 다시 일으키시고, 생명을 주신 은혜를 잊어서는 안 됩니다. 끝까지 갚아 주시는 은혜를 잊어서는 안 됩니다.
우리가 구원받을 수 없는 죄인이었다는 것을 기억해야 합니다.
내가 오늘 사는 것이 은혜임을 기억하십시오. 왜 우리가 좋은 이웃이 되어야 합니까?
내가 강도 만난 자로 생명을 얻었기 때문입니다. 예수님께서 내가 먼저 좋은 이웃이 되라고 하셨기 때문입니다. 누가 좋은 이웃인지를 묻지 말고, 내가 좋은 이웃이 되십시오. 그리고 오늘 우리에게 예수님께서 말씀하십시오.
"너도 이와 같이 하라."

〈2022.11.1. 설교 말씀 中〉

다시 말씀으로 +24

누가복음 10장 42절

… 마리아는 이 좋은 편을 택하였으니 빼앗기지 아니하리라 하시니라

"자기 몫이 아름답다."
마르다, 마리아, 나사로의 가정은 큰 은혜를 받은 가정이었습니다. 예수님께서는 줄곧 나사로의 집에서 먹기도 하고 쉬기도 하고 가르치시기도 했습니다. 이 가정은 예수님을 섬겼지만 마리아와 마르다의 신앙이 다르다는 것을 본문을 통해 알 수 있습니다. 마르다의 신앙은 전통적인 지혜를 가진 신앙이었습니다. 여성이 성전에 들어가지 못하던 시대를 반영합니다. 마르다는 자신이 할 수 있는 최선의 것, 음식을 내고 대접하는 것으로 예수님을 섬겼습니다. 마리아의 신앙은 예수님 발치에 앉은 신앙입니다. 이것은 전통적, 사회적 통념을 뛰어넘는 것이었습니다. 마르다가 나쁜 신앙을 가진 것이 아닙니다. 그런데 문제는 무엇입니까? 마르다가 신앙을 비교했다는 것입니다. 자신의 신앙으로 마리아를 판단했습니다. 내가 가진 것을 소중히 여기지 못하면, 남의 것도 소중히 여기지 못합니다. 자기 몫이 아름답습니다. 내가 어떻게 믿느냐가 중요합니다. 믿음의 틀로 보면, 마르다는 머슴 신앙이지만, 마리아는 자녀 신앙입니다. 노예는 일하고, 인정받고 싶어 하지만 자녀는 일하는 것보다 부모와 함께 하는 것을 중요하게 여깁니다. 마르다와 마리아와의 차이점 첫 번째는 믿음의 문제입니다. 종교적 열심은 믿음이 아닙니다. 예배하고 기도하고 섬기는 일이 내 "열심"이라면 그것은 아무런 소용이 없습니다. 예수님은 일하라고 부르신 것이 아니라, 함께 하자고 부르셨습니다. 믿음이 없이는 하나님을 기쁘시게 못합니다. 그 믿음은 들음에서 납니다. 먼저 말씀을 들어야 합니다. 마르다와 마리아와의 차이점 두 번째는 우선순위입니다.

마리아는 자신이 할 일을 정했습니다. 모든 것을 다하려고 하지 말고, 한 가지를 정해야 합니다. 발치에 앉아 말씀을 듣기로 합니다. 우리가 집중해야 할 것은 예수님과 관련된 일이 아니라 예수님입니다. 말씀에 집중하고 순종하면 됩니다. 신앙생활에서 가장 좋은 것은 예수님 발치에 앉는 것입니다. 에스겔서 47장에 성전 문지방에서 흐르는 물이 강을 이룬 것처럼 예수님 발치의 말씀은 가정과 교회와 세상을 살리는 생수입니다. 오늘 주시는 교훈은 무엇입니까? "조화롭게 인정하며 살라." 입니다. 마르다의 믿음을 귀히 여기고, 마리아의 믿음을 배우십시오. 교회 공동체는 믿음도 다르고, 헌신도 다르고, 순종도 다르고 열심도 다르고, 은사도 다릅니다. 상황도 형편도 기질도 다릅니다. 다름은 틀림이 아닙니다. 교회는 하나 된 말씀으로 서로를 인정하고 귀하게 여기며 조화로운 공동체가 되어야 합니다.

〈2022.11.2. 설교 말씀 中〉

다시 말씀으로 +25

누가복음 12장 31절

다만 너희는 그의 나라를 구하라 그리하면 이런 것들을 너희에게 더하시리라

"세상 욕심을 거룩한 욕심으로 바꿔라."
인생에는 때때로 위기가 찾아옵니다. 인생에서 만나는 위기는 성장하는 기회입니다.
오늘 본문은 "무엇을 먹을까? 무엇을 마실까? 무엇을 입을까?"
세상 근심을 하지 말라 하십니다.
세상의 염려를 거룩한 근심으로 바꾸고 세상의 욕심을 거룩한 욕심으로 바꿔야 합니다.
거룩한 욕심은 더 잘 살고, 더 갖는 것에 있는 것이 아니라 어떻게 하면 하나님을 기쁘시게 할까? 어떻게 하면 더 잘 믿을까?를 고민하는 것입니다.
이 땅의 걱정과 염려, 욕심으로는 우리의 미래를 준비할 수 없다는 것을 기억해야 합니다.
그렇다면 왜 염려하지 말아야 할까요?

첫째, "아버지께서 우리에게 있어야 할 것을 모두 아신다."
인생에서 떡은 꼭 필요합니다. 더 질 좋은 떡, 많은 떡에 집중하면 말씀을 놓치게 됩니다. 우리에게 있어야 할 것이 말씀입니다. 떡으로 살지 말고, 말씀으로 살아야 합니다.
둘째, "그의 나라를 구하면 모든 것을 더 하신다."
우리의 삶은 애쓰고 노력해서 성취할 수 있는 것이 아니라, 오직 하나님의 은혜로만 가능하다는 것을 인정하는 것입니다.
은혜는, 하나님이 주실 마음이 있어야 하고, 받을 만한 마음이 준비되어 있어야 합니다. 나의 소유, 나의 건강, 나의 사명도 하나님이 허락하셔야 함을 기억하십시오.
셋째, "우리가 바라보아야 할 곳은 하나님 나라이다."
예수님은 수많은 세상적 질문 가운데, 언제나 하나님 나라를 말씀하셨습니다.
우리에게 직분을 주신 이유도, 사명을 주신 이유도 하나님 나라 때문입니다.
이 세상에서 염려하거나 근심하지 마십시오. 하나님 나라에 보물을 쌓으십시오.

우리는 하나님이 가라고 하면 가고, 멈추라고 하면 멈추면 되는 인생입니다.
우리는 청지기입니다. 이 모든 것이 우리의 것이 아니라, 주님의 것을 맡은 자입니다. 가진 것을 하나님께 기쁨으로 드리십시오. 하나님께 빼앗기는 자가 되지 마십시오.

〈2022.11.3. 설교 말씀 中〉

다시 말씀으로 +26

누가복음 15장 20절

이에 일어나서 아버지께로 돌아가니라 아직도 거리가 먼데 아버지가 그를 보고 측은히 여겨 달려가 목을 안고 입을 맞추니

"돌이킬 때를 아는 것이 은혜이다." 살면서 잃어버린 것이 있으십니까? 많은 사람은 잃어버린 것에 적응하며 살아갑니다. 누가복음 15장은 잃어버린 비유에 관해서 이야기합니다. 잃은 양의 비유, 잃은 드라크마의 비유, 그리고 잃은 아들의 비유입니다. 이 비유는 점점 무게를 더합니다. 이 비유에서 중요한 것은, 하나님 아버지입니다. 한없이 기다리시고, 반드시 찾으시는 하나님입니다.

하나님이 원하시는 것은 무엇입니까? 오직 아들이 돌아오는 것입니다.

오늘 탕자의 비유에서 작은아들은 아버지의 유산을 요구했습니다. 이것은 아버지를 죽은 것으로 여긴 것입니다. 작은아들은 먼 나라로 가서 유산을 모두 허비했고, 때마침 흉년까지 맞이합니다.

고난이 은혜의 때가 되었습니다. 작은아들은 후회가 밀려올 때, 고통스러울 때 아버지의 집을 기억합니다. 진짜 은혜는 무엇입니까? 돌이킬 때를 알고 멈출 때를 알고 하나님께 달려 나올 때를 아는 것입니다. 오늘 말씀은 바리새인과 서기관들이 죄인과 함께하는 예수님에 대해서 수군거리는 것을 듣고 말씀하셨습니다.

이 비유는 먼저 믿는 자, 오래 믿는 자, 바로 나에게 하시는 말씀입니다. 이 비유는 큰아들도 잃어버린 자라고 말씀하십니다.

작은아들이 아버지의 유산을 달라고 요구했을 때 아버지는 두 아들에게 각각 소유를 나누어 주었습니다. 큰아들도 아버지의 은혜를 받았습니다. 큰아들도 그 받은 은혜를 잊었습니다. 아버지의 집에 있었지만, 아버지의 은혜를 깨닫지 못했습니다.

큰아들은 작은아들의 허물을 비난하고 정죄하고 보지 않은 것을 본 것처럼 말했습니다. 내가 하나님께 받은 사랑, 받은 은혜를 잊는 것이 더 큰 죄입니다. 남을 판단하는 것이 더 큰 죄입니다. 아버지의 재산을 허비한 것보다 더 큰 죄가 아버지의 마음을 알지 못하고 은혜를 잊어버리는 것입니다. 작은아들은 돌아와 아버지의 집에 들어갔지만, 큰아들은 아버지의 권면에도 아버지의 집에 들어가지 않았습니다. 큰아들은 다른 사람을 판단하고 비판하고, 아버지의 말에 불순종했습니다. 이것이 더 큰 죄입니다. 나는 무엇을 잃어버렸습니까? 나는 하나님의 은혜를 잊지 않았습니까? 지금 돌이켜야 합니다. 시간은 멈추지 않습니다. 내가 멈춰야 합니다. 누구나 실패할 수 있습니다. 누구나 잃어버릴 수 있습니다. 중요한 것은 지금 돌이키는 것입니다.

〈2022.11.4. 설교 말씀 中〉

다시 말씀으로 +27

누가복음 18장 7절

하물며 하나님께서 그 밤낮 부르짖는 택하신 자들의 원한을 풀어 주지 아니하시겠느냐...

"기도밖에 없다!"

기도는 영적인 호흡입니다. 기도가 끊기면 호흡이 끊기고 하나님과의 관계가 단절됩니다. 또한 기도는 하나님과의 대화입니다. 내가 필요한 것도 이야기하지만 주시는 분의 뜻도 물어야 합니다. 기도는 하나님의 결재입니다. 주님이 내 인생을 결재하시면 내 인생은 문제가 있어도 하나님이 해결하십니다. 한 도시에 과부가 억울한 일을 당했습니다. 그런데 재판관은 불의하고 하나님을 두려워하지 않았고 사람들을 무시했습니다. 어느 사람도 이 재판관이 문제를 해결해 줄 것으로 생각하지 않았습니다. 하지만 과부는 자주, 번거롭게 찾아가 재판관을 귀찮게 합니다. 결국 재판관은 과부의 간청을 들어줍니다. 불의한 재판관도 응답하는데, 우리 아버지 하나님께서는 우리의 기도에 어떻게 하실까요? 기도 응답에 자신 있게 기도할 근거가 무엇입니까?

첫째, "관계"에 근거해야 합니다. 하나님은 나의 아버지이시고, 나는 하나님의 자녀입니다.

둘째 "약속"에 근거해야 합니다. 하나님은 약속의 하나님이십니다. 하나님께서는 반드시 약속을 성취하십니다.

셋째, "생각"에 근거해야 합니다. 공의롭고 정의로우신 하나님께서 우리의 기도에 반드시 응답하십니다.

넷째, "능력"에 근거해야 합니다. 재판장은 재판할 힘만 있습니다. 하나님의 능력은 전지전능하십니다. 홍해를 가르고, 광야에 길을 내고는 능력의 하나님이십니다.

다섯째, "도움"에 근거해야 합니다. 우리가 기도하면 하나님께서는 돕는 자들을 붙여주십니다. 천사들을 동원해 주시고, 우리를 도우시는 성령을 부어주십니다.

여섯째, "장소"에 근거해야 합니다. 무소 부재하신 하나님께서는 우리를 찾아오십니다.

기도밖에 없습니다. 과부처럼 기도하십시오. 하나님이 반드시 응답하십니다.

과부는 용기 있게 기도했습니다. 내 생각, 내 형편, 할 수 없다는 생각의 자리에서 일어나 용기 있게 나와야 합니다. 과부는 끈기 있게 기도했습니다. 기도의 제목은 있어도 기한은 하나님만이 아십니다. 과부와 같이 자주, 끈질기게 매달려야 합니다.

무엇보다 중요한 것은 믿음으로 기도하는 것입니다. 용기 있게 기도하고, 끈기 있게 기도해도 믿음이 있어야 진짜 응답이 있습니다. 믿음으로 기도해야 하나님의 뜻을, 하나님을 기쁘시게 할 것을 구할 수 있습니다. 기도하면서 낙심하지 말 것은 주님이 반드시 응답하시기 때문입니다.

〈2022.11.5. 설교 말씀 中〉

다시 말씀으로	누가복음 19장 31절
+28	만일 누가 너희에게 어찌하여 푸느냐 묻거든 말하기를 주가 쓰시겠다 하라 하시매

"보이지 않는 미래를 위해서 지금 순종하라!"
하나님이 쓰시는 것 세 가지는 말씀, 교회, 사람입니다.
하나님은 말씀으로 일하시고, 우리의 삶을 변화시킵니다. 하나님의 사람들은 모두 하나님의 말씀에 은혜받은 자입니다. 하나님은 교회를 사용하십니다.
교회 공동체를 통해서 은혜받게 하시고 교제하게 하시고 섬기게 하십니다.
교회의 주인은 성령이시고, 성령이 함께하시고 역사하십니다.
하나님은 사람을 쓰시는데, 성경에서 쓰임 받은 사람들은 하나님의 영에 사로잡힌 사람들이었습니다. 하나님께서 쓰시는 말씀, 교회, 사람의 공통점이 무엇인지 아십니까?
말씀과 교회와 사람을 쓰시는지 이유는 하나님을 대신 하는 것입니다.
하나님의 사심을 드러내기 위함입니다. 하나님께서는 말씀에 권능을 주셔서 하나님을 나타냅니다. 하나님께서는 피 값으로 교회를 사셨고, 교회를 통해 일하십니다. 하나님께서는 믿음의 사람들에게 이 죄악 된 세상에서, 죄와 투쟁하는 세상에서 하나님을 보여주라 말씀하십니다.
그렇다면 하나님을 대신하는 일이 무엇입니까? 하나님을 드러내는 일이 무엇입니까?
하나님께서는 말씀, 교회, 사람을 통해서 하시는 일은 살리는 일입니다.
우리에게 주신 사명은 살리는 것입니다. 나 혼자 잘 살고, 잘 먹고 많은 것을 갖는 것이 아니라 말씀, 기도, 봉사, 섬김, 순종 경건으로 사람들을 살리는 것입니다.
오늘 본문은 예수님이 예루살렘에 들어가시기 전에 일어난 일입니다.
십자가의 길, 고난의 길의 시작입니다. 예수님께서는 제자들에게 말씀하십니다.
"묶여있는 나귀"를 풀어오라.
나귀가 묶여있다는 것은 나귀의 주인이 있다는 것입니다.
예수님께서는 그 나귀의 주인이 있다는 것과 나귀의 주인이 할 질문도 알고 계셨습니다. 나귀의 주인이 묻거든 "주께서 쓰시겠다 하라."고 하셨습니다. 성도의 신앙의 목적, 하나님이 요구하시는 것은 순종입니다.
성도가 결정하고 결단해야 하는 것은 말씀대로 순종하는 것입니다.
결단은 하나님께 나의 미래를 위한 씨 뿌림입니다. 결단은 지금 해야 합니다.
다시 말씀으로, 다시 믿음으로, 다시 거룩함으로 살아야 합니다.
미래를 위한 순종에는 절대 희생이 필요하고, 그 희생의 뒤에는 하나님이 여실 미래가 있습니다. 신앙의 최고의 가치가 무엇입니까? 그것은 하나님의 나라, 하나님의 역사, 하나님의 교회에 순종함으로 쓰임 받는 것입니다.

〈2022.11.6. 설교 말씀 中〉

| 7부 | 열 번째 2022 가을 42일 특별새벽부흥축제 설교

다시 말씀으로 +29

누가복음 22장 32절

...내가 너를 위하여 네 믿음이 떨어지지 않기를 기도하였노니 너는 돌이킨 후에 네 형제를 굳게 하라

"세상에서 큰 자는 섬기는 자다."
예수님께서는 우리가 이 세상에서 잘 되기를, 잘 살기를 바라십니다.
잘사는 방법은 세상적인 방법도, 인간적인 방법도 상식적인 방법이 아닙니다.
예수님께서는 죽음을 앞두시고 비장한 마음으로 제자들에게 세상을 살아갈 지혜를 가르쳐 주십니다.

그 첫 번째 지혜는 섬김입니다. 세상에서 성공하는 방법은 섬기는 것입니다.
큰 사람이 되기를 바라면 먼저 섬기라 말씀하십니다. 이것이 예수님의 방법입니다.
두 번째 지혜가 고난을 견디는 것입니다. 우리의 믿음이 떨어지지 않는 것입니다.
예수님께서는 십자가의 죽음 후에 닥칠 고난을 알고 계셨습니다.
예수님께서는 고난을 잘 이기기를 바라셨습니다. 믿음이 떨어지지 않기를 바라셨습니다. 그리고 고난이 지난 후에 형제를 굳게 하라 하셨습니다.
우리가 고난과 환난을 이기고 돌이키면 그것은 하나님의 은혜입니다.
그런데 그 후에 할 일이 있습니다. 그것은 서로를 굳게 하고, 서로를 섬기는 것입니다.
섬김과 고난은 이렇게 연결이 되어 있습니다.

예수님께서는 십자가의 죽음을 앞두고 있었지만 제자들은 여전히 자신만을 생각합니다. 더 높아지고 더 많이 소유하고 더 큰 권력과 더 강한 힘에만 관심합니다.
예수님께서는 제자들에게 섬기라고 말씀하십니다. 섬기다가 억울한 누명을 쓰고 핍박을 당해도 믿음만 떨어지지 않는다면 반드시 승리할 것을 말씀하십니다.
세상에서 인정받지 못할지라도 하나님의 나라에서 가장 큰 자는 섬기는 자입니다.
가장 위대한 자는 섬기는 자입니다. 섬김이 제일입니다. 예수님께서 세상의 욕심으로 요동치는 제자들에게 굳게 서라고 말씀하십니다. 예수님이 우리에게 바라시는 것은 믿음이 떨어지지 않은 것입니다. 굳게 서는 것입니다. 우리도 세상의 힘과 권력과 나의 소유와 명예에 관심합니다. 하지만 이 세상을 잘 사는 지혜는 고난을 짊어지고 서로를 굳게 하는 것입니다. 서로를 섬기는 것입니다. 고난을 견디고 서로를 섬기도록 우리에게 힘과 능력을 공급해 주실 하나님을 믿으십시오.
"할 수 있거든이 무슨 말이냐 믿는 자에게는 능히 하지 못할 일이 없느니라"(막9:23)

〈2022.11.7. 설교 말씀 中〉

다시 말씀으로 +30

누가복음 22장 42절

... 내 원대로 마시옵고 아버지의 원대로 되기를 원하나이다 하시니

"예수님께서 이 땅에 오신 것은, 예수님의 선택이 아니라 하나님의 결정이었다."
예수님의 기도를 이야기하기 전에 이해해야 할 것이 있습니다.
기도하지 않아도 되는 예수님께서 왜 기도하셨는가? 왜 성육신하셨는가?
이것을 알지 못하면 예수님의 기도의 의미를 알 수 없습니다.
예수님께서 이 땅에 오신 이유는 더 이상 짐승의 피로는 인간을 구원할 수 없는 지경에 이르렀기 때문입니다. 마태복음 4장에 등장하는 예수님의 세 가지 시험이 떠올려야합니다.
첫 번째 시험은 떡에 대한 시험이었습니다. 기본적인 욕망에 관한 시험이었습니다. 세상의 욕망은 만족이 없습니다. 하나님이 본 사람은 너나 할 것 없이 욕망을 추구했습니다. 두 번째 시험은 성전 꼭대기 시험입니다. 이것은 인간의 안전의 욕구 보호의 욕구와 연결됩니다. 사람은 소유가 많을수록, 돈이 많을수록, 지위가 높아질수록 안전하다고 생각합니다. 세 번째 마귀의 시험은 명예에 대한 시험입니다.
박수받기를 바라고, 인정받기를 바라는 욕구입니다. 하나님께서 본 세상은 소유를 탐하고, 자신의 안전과 안위를 위해서 자신이 높아지려는 모습이었습니다. 누구나 반드시 예수님이 받으셨던 시험을 받습니다. 예수님께서 육신으로 오신 또 하나의 이유는 인간의 아픔, 고난, 욕심과 욕망을 경험하기 위함이었습니다. 예수님의 기도는 힘쓰고 애쓰는 간절한 기도였습니다. 땀방울이 핏방울이 되는 몸부림치는 기도였습니다. 예수님의 기도의 특징을 오늘 본문을 통해 알 수 있습니다. 첫째, 예수님의 기도는 생명은 건 전쟁 같은 기도였습니다.
죽든지 살든지를 결정하는 기도였습니다. 예수님의 삶에서 가장 치열한 곳이 기도의 자리였습니다. 전쟁 같은 기도, 목숨을 건 기도를 하십시오. 진정성을 가지고 간절하게 기도하십시오. 기도의 자리가 승패를 결정합니다. 내 기도는 전쟁과 같은 기도입니까?
생명을 걸고 기도한 예수님은 승리하셨지만, 기도하지 못한 제자들을 실패했다는 것을 기억하십시오. 둘째, 예수님의 기도는 내 뜻에서 아버지의 뜻으로 변하는 기도였습니다. 기도의 목적은 내가 변하기 위함입니다. "내 원대로 마시옵고, 아버지의 뜻대로 하옵소서." 기도하면 점점 순종의 사람이 되어 갑니다.
예배는, 기도는 내가 죽는 것입니다. 기도의 절정은 응답이 아니라, 순종입니다.
지금 기도하기를 결단하십시오. 지금 생명을 걸고 기도하십시오.

〈2022.11.8. 설교 말씀 中〉

다시 말씀으로 +31

누가복음 24장 32절

...우리에게 말씀하시고 우리에게 성경을 풀어 주실 때에 우리 속에서 마음이 뜨겁지 아니하더냐 하고

"다시 말씀으로 가슴을 뜨겁게 하라."

엠마오로 가는 두 제자는 예수님과 함께 걸으면서 예수님을 알아보지 못했습니다.

성경은 두 제자의 눈이 가려져서 보지 못했다고 말합니다. 제자들의 눈이 가려진 이유는 낙심 때문이었습니다. 제자들은 예수님의 나라, 정치적 권력을 바랐지만, 예수님은 힘없이 돌아가셨습니다. 예수님께서는 제자들에게 몇 차례 죽음과 부활을 이야기했습니다. 제자들은 그것을 기억하지 못했습니다. 그저 낙심과 절망에 빠져 예수님을 알아보지 못했습니다.

눈이 어두워지면 여전히 세상의 것을 쫓고 여전히 자기 생각과 자기 연민에 빠지게 됩니다. 하나님의 생각과 우리의 생각이 다릅니다. 왜 우리가 변화하지 않습니까? 여전히 하나님의 생각보다 내 계획 내 생각이 더 중요하기 때문입니다.

영의 눈이 어두우면 믿지 못하고, 믿지 못하면 행하지 못합니다. 제자들의 마음은 냉랭합니다. 이 가슴을 어떻게 뜨겁게 할 수 있을까요?

첫째는 예수님의 부활이 내 삶에 사실이 아닌 사건이 되어야 합니다.

예수님은 죽음도 말씀하셨고, 부활도 말씀하셨습니다. 우리가 믿어야 할 것은 죽음이 아니라 부활입니다. 우리가 몰라서 변화되지 않는 것이 아닙니다. 우리가 안다고 해서 믿는 것도 아닙니다. 아는 것만으로는 아무런 능력이 나타나지 않습니다. 아는 것을 지금 행해야 합니다.

둘째는 내 삶의 주인이 바뀔 때 눈이 열립니다.

예수님께서는 자신을 알아보지 못하는 두 제자에게 말씀을 풀어주십니다.

말씀의 눈이 열리자 제자들은 예수님을 집으로 모십니다. 그리고 음식을 준비합니다.

음식은 제자들이 준비했지만, 그 식탁의 주인은 예수님이셨습니다. 예수님은 떡을 가지고 축사하시고, 떼어 그들에게 주셨고 제자들은 떡을 받을 때 눈이 밝아졌습니다. 내 인생이 바뀌려면 내 인생의 주인이 바뀌어야 합니다. 나의 주인이 예수님이 되시면 주님의 뜻대로 순종하게 됩니다.

셋째는 다시 말씀으로 나아가야 합니다. 예수님께서 제자들에게 찾아오신 이유는 다시 말씀하시기 위함입니다. 지금 이 냉랭한 가슴으로는 하나님의 사명을 감당할 수 없기 때문입니다. 다시 말씀을 듣고 다시 말씀으로 가슴이 뜨거워져야 사명을 감당할 수 있습니다.

부활이 사랑입니다. 부활이 기적입니다. 부활이 희망입니다.

다시 사명으로 돌아가야 합니다.

다시 말씀으로 교회는 교회다워지고, 성도는 성도다워지고, 예배는 예배다워져야 합니다. 다시 말씀으로 가슴을 뜨겁게 하라!

〈2022.11.9. 설교 말씀 中〉

다시 말씀으로 +32

요한복음 1장 1절

태초에 말씀이 계시니라 이 말씀이 하나님과 함께 계셨으니 이 말씀은 곧 하나님이시니라

"말씀 따라 예수 따라 살라."
성경은 하나님의 뜻과 섭리와 하나님의 계획을 설명해 놓은 책입니다.
성경은 계속해서 우리에게 하나님의 뜻을 말씀 하셨습니다. 우리는 하나님의 뜻 아래서 "내가 누구입니까? 나를 향한 하나님의 뜻이 무엇입니까?
나를 통해 이루실 사명이 무엇입니까?"를 묻고 기도해야 합니다.
왜 우리가 변화하지 않습니까? 여전히 내 뜻 내 맘이 먼저이기 때문입니다.
하나님의 뜻에 나를 맞추지 않고, 하나님을 나에게 끌어 내려 맞추려 하기 때문입니다. 우리는 나 자신의 신앙의 문제를 알아야 합니다. 성경이 하나님의 뜻인 줄 알면서도 설교는 듣지만, 직접 성경은 말씀은 보지 않습니다. 스스로 말씀을 읽고 말씀과 하나가 되어야 합니다.
주님의 말씀이 내 안에 거하기 위해서는 내 생각, 내 의지, 경험, 욕심이 모두 버려야 합니다.
하나님의 뜻과 사랑과 계획이 이루어지기 위해서는 내 생각과 뜻을 비워야 합니다.
주님의 뜻대로 사는 것이 중요합니다. 그래서 성경을 읽고 성경을 보아야 합니다.
잘 믿는 것은 내 기준이 아닙니다. 잘 믿는 기준은 하나님입니다.
예수님께서는 33년의 공생을 마치시고, 마지막 십자가에서 하신 말씀은 "다 이루었다."입니다. 예수님께서 하나님의 말씀 하나님의 계획 비전을 다 전했다는 것입니다.
예수님은 우리에게 말씀이 되셨고 생명이 되셨습니다. 말씀에 은혜를 받아야 살아납니다.
말씀에 은혜받아야 교회가 가정이 살아납니다. 말씀에 은혜받기를 원해야 합니다.
예수님께서는 길이요 진리요 생명이 되십니다. 예수님은 말씀이시고, 생명이시고 빛이십니다.
어두움은 빛을 깨닫지 못했습니다. 빛은 우리를 깨닫게 합니다. 은혜 받으면 말씀을 깨닫게 됩니다. 성령께서 말씀으로 오신 예수님을 깨닫게 하십니다.
사람은 우선 순위에 따라 삶이 변합니다. 말씀을 우선 순위로 삼으십시오.
말씀이 삶에 우선 순위가 될 때 말씀이 우리 삶을 변화시키고,
교회를 변화시키고, 가정을 변화시키고, 세상을 변화시키는 역사가 일어날 것입니다.

〈2022.11.10. 설교 말씀 中〉

다시 말씀으로 +33

요한복음 1장 47절

예수께서 나다나엘이 자기에게 오는 것을 보시고 그를 가리켜 이르시되 …

"당신의 장차는 무엇입니까?" 우리는 모두 이 세상에서 복 받기를 원합니다.
바라는 것을 성취하고, 돈을 많이 벌고 건강하고 형통한 것이 복입니까? 진짜 복은 예수 믿고 달라지는 것입니다.
예수 믿고 변화하는 삶입니다. 세상에서 인정받지 못할지라도 예수를 위해 희생하고 봉사하고 예수를 위해서 죽기를 각오하는 것이 복입니다. 여러분은 예수를 믿고 달라졌습니까?
내가 달라졌다면 나는 복 받은 사람입니다.
빌립은 먼저 메시야, 예수님을 만났습니다. 그리고 자신이 만난 메시야를 친구에게 전합니다. 그런데 나다나엘의 반응이 시큰둥합니다. 나다나엘은 어부였지만 하나님의 말씀을 깊이 묵상하고 연구했습니다.
나다나엘은 미가 선지자의 예언(미5:2)을 알았을 것이고, 그 말씀대로 오실 메시야를 고대했습니다. 나다나엘은 예언처럼 베들레헴이 아닌 나사렛 출신의 메시야를 인정하지 않았습니다.
나다나엘은 성경으로만 알았던 예수, 율법 속에서 만났던 예수를 직접 만나게 되었습니다. 나다나엘은 예수님의 말씀을 듣고 예수님의 제자가 되었습니다.
오늘 우리가 배울 것은 두 가지입니다. 첫째, 선입견과 편견을 버려야 예수님을 만날 수 있습니다. 편견과 선입견을 품고서는 예수님을 알아볼 수 없었습니다. 편견과 선입견을 품은 사람이 누구입니까? 편견과 선입견을 품고 말씀을 받지 못하는 사람이 누구입니까? 바로 나입니다. 선입견과 편견을 깨뜨려질 때, 단 한 번의 예배 단 한 번의 말씀 가운데 예수님을 만날 수 있습니다.
둘째, 예수님은 우리 안에 있는 가능성만 보십니다. 예수님께서 베드로를 부르실 때 현재에서 미래를 보셨습니다. "네가 요한의 아들 시몬이니 장차 게바라 하리라 하시니라" 여러분에게 "장차"가 있습니까? 당신의 "장차"는 무엇입니까? 마태, 마가, 누가복음에는 나다나엘을 바돌로매로 소개합니다. 유일하게 요한복음에서만 나다나엘로 소개하고 있습니다.
원래 나다나엘의 이름은 바돌로매였습니다. 그 이름의 뜻은 "돌로매의 아들"입니다.
그런데 그는 나다나엘로 살게 되었습니다. 나다나엘이 뜻이 무엇입니까?
"하나님의 뜻, 하나님의 은혜 받은 자"입니다. 예수님을 만나고 의미 없는 인생이 하나님의 은혜 받은 인생으로 하나님의 뜻을 이루는 인생이 되었습니다. 오늘 예수님을 만나야 합니다. 우리가 말씀 가운데 예수님을 경험하고 만날 때, 우리의 "장차"가 하나님의 은혜를 누리고 쓰임 받는 삶이 되고 하나님의 뜻을 이루는 귀한 인생이 될 것입니다.

〈2022.11.11. 설교 말씀 中〉

다시 말씀으로 +34

요한복음 2장 5절

그의 어머니가 하인들에게 이르되 너희에게 무슨 말씀을 하시든지 그대로 하라 하니라

"예수님이 개입하시는 인생, 절대 기도와 절대 순종이 필요하다."
요한복음은 예수님의 수많은 기적 중에서 7가지의 기적만을 기록하고 있습니다.
그중에 첫 번째 기적이 가나의 혼인 잔치의 기적입니다.
예수님께서는 대부분 문제 속에서 기적을 만드셨습니다. 질병, 고통, 아픔이 있는 곳에서 기적을 만드셨습니다. 오늘 본문은 인생에서 가장 즐거워야 할 혼인 잔치에대해 이야기 합니다. 이 혼인 잔치를 위해서 보이지 않는 수많은 사람의 희생과 헌신이 있었을 것입니다.
즐거운 잔치에는 준비가 필요합니다. 중요한 일에는 반드시 준비가 필요합니다.
유대인의 관습대로 일주일의 혼인잔치가 시작되었고, 사흘 만에 포도주가 떨어졌습니다. 이것은 두 가지를 의미합니다. 생각했던 것보다 손님이 많이 왔다는 것과 잔치가 매우 즐거웠다는 것입니다.
준비했지만 부족했습니다. 인생이 그렇습니다. 준비했다고 해서 모두가 행복한 삶을 사는 것이 아닙니다. 놀지 않고, 쉬지 않고 준비한다고 할지라도 부족한 것이 인생입니다. 준비가 되지 않아서 부족한 것이 아니라, 인간은 한계가 있어서 부족한 것입니다.
우리는 모자란 것이 인생이라는 것을 인정해야 합니다.
잔칫집에 가장 중요한 것이 포도주입니다. 준비했지만 포도주가 떨어졌습니다. 이것을 알아차린 사람은 많았을 것입니다. 주인도, 손님들 그리고 하인들도 알았지만 아무도 문제를 해결하려 하지 않았습니다. 오직 예수님의 어머니 마리아만이 문제의 해결자를 바로 알고 있었습니다. 예수님이 우리의 해답이 되시고, 예수님은 우리의 인생의 빈 항아리를 채우십니다.
예수님이 인생에 개입하시려면 어떻게 해야 할까요? 첫째, 절대 기도입니다.
모자람을 가지고 주님께 나아와야 합니다. 마리아는 예수님께 부족한 것을 구했습니다. 마리아는 예수님이 하나님이시라는 것을 알고 믿었습니다. 내가 맡기지 않으면 내가 변하지 않으면, 나에게 기적은 없습니다.
"하나님의 사심을 믿습니다." 고백할 때 하나님께서 내 인생에 개입하십니다.
둘째, 절대 순종해야 합니다. 마리아는 하인들에게 말합니다. "무슨 말씀을 하시든지 그대로 하라."
순종해야 기적이 일어납니다. 아는 만큼 믿고, 믿는 만큼 순종합니다.
물이 변하여 포도주가 되었습니다. 변화되었습니다. 필요 없는 것이 필요한 것이 되고. 무가치한 인생이 가치 있는 인생이 되는 것이 기적입니다. 예수님의 말씀을 들으십시오. 절대 기도 절대 순종으로 예수님이 내 삶에 개입하여 내 인생에 기적을 만드시기를…

〈2022.11.12. 설교 말씀 中〉

다시 말씀으로 +35

요한복음 3장 5절

...사람이 물과 성령으로 나지 아니하면 하나님의 나라에 들어갈 수 없느니라

"성도의 출발은 거듭남입니다."

오늘 본문에서는 한밤중에 찾아온 니고데모의 이야기입니다. 니고데모는 평생 바리새인으로 공회원으로 부자로 성공한 삶을 살았습니다.

어느 날 예수님의 표적을 본 니고데모는 자기 삶과 예수님이 가르침이 다르다는 것을 발견합니다. 니고데모가 한밤중에 예수님을 찾은 이유가 무엇입니까?

자신의 신분 때문에, 사람들의 시선 때문입니다. 숨기고 싶고 부끄러웠기 때문입니다.

하지만 더 중요한 이유는 바로 영혼의 목마름 때문이었습니다.

니고데모는 지금까지 추구한 인생이 잘못됨을 깨달았습니다. 예수님이 니고데모에게 물으신 것은 무엇입니까? 그것은 거듭남입니다.

오늘 우리에게 물으시는 질문과 같습니다. "거듭났느냐? 구원받았느냐?

그래서 더 달라지고, 변화되고 좋아지고 있느냐?" 이 말씀은 뜻은 "나를 만나는 것이 아무 의미 없는 것이 돼서는 안 된다."라는 것입니다. 예수님께서는 사람이 물과 성령으로 나지 아니하면 하나님의 나라에 들어갈 수 없다고 말씀하셨습니다. 니고데모는 평생으로 율법으로 살았고 세상에서 성공했지만, 구원에는 거듭남에는 무지했습니다.

사람은 자신의 관심사, 자신의 우선순위에 집중하며 살아갑니다. 여러분이 관심하는 것이 무엇입니까? 여러분은 거듭남의 문제를 가지고 힘쓰고 애쓰고 있습니까?

영생에 대한 구원에 대한 절박한 목마름이 있습니까?

믿는 것은 나의 몫입니다. 예수를 믿고 구원받음을 특별히 여기십시오. 이것만큼 특별한 것은 없습니다. 구원받은 자는 성령의 인도하심을 받습니다. 구원받은 자는 하나님 앞에 정직하고 진실하게 삽니다. 구원받은 자는 자신의 것을 끊임없이 내려놓고 포기합니다. 니고데모는 이후의 삶이 변화되었습니다. 그는 더 이상 세상의 비난과 손가락질이 두려워서 한밤중에 예수님을 찾아왔던 니고데모가 아닙니다. 그는 공의회에 예수님에 대한 안건이 올라왔을 때 사람들 앞에서 예수님을 변호하기를 서슴지 않았습니다.

예수님이 십자가에 마지막 숨을 거두셨을 때 예수님을 시신을 요구하고 침향과 몰약으로 장례를 치렀습니다. 예수님이 십자가를 지실 때 모든 사람이 떠났지만 숨을 거두시는 순간까지 예수님을 옆을 지킨 사람입니다. 예수 때문에 숨는 것이 아닌 예수를 위해서 담대한 삶을 사는 것이 변화입니다. 이것이 거듭난 인생입니다.

니고데모는 예수를 전하다가 1세기 순교합니다. 여러분은 거듭난 인생이십니까?

예수 그리스도로 인한 인생의 변화가 있습니까?

〈2022.11.13. 설교 말씀 中〉

다시 말씀으로 +36

요한복음 4장 24절

하나님은 영이시니 예배하는 자가 영과 진리로 예배할지니라

"예배로 죄짓지 말라."
성경에는 수많은 한결같이 바로 예배가 해답이었기 때문입니다.
하나님께서는 예배하는 자를 찾으신 것이 아니라,
예배로 인정받은 자를 찾으셔서 시대와 역사와 공동체를 맡기셨습니다.
우리는 예배를 많이 드리는 것보다 예배를 소중히 여기는 것이 더 중요합니다.
우리가 세상 사람들과 다른 점은 우리가 하나님을 예배하는 "예배자"라는 것입니다.
성경에서 소개하는 최고의 예배자 아브라함은 하나님께 드린 예배로 인정을 받았습니다.
우리가 예수를 믿고 달라진 것이 있다면 그것은 우리의 삶이 하나님을 예배하는 삶이 되었다는 것입니다.
주일날만 드리는 예배의 삶이 아니라, 삶 전체를 드리는 통해서 인정받아야 합니다.
하나님은 우리의 직분이나, 연조나, 사명에 관심이 없으십니다. 오직 말씀에 관심하십니다.
나의 필요로 만족으로 관심으로 예배하려 말고 오직 말씀으로 예배하십시오.
오늘 본문의 예수님께서는 예배할 때가 오니, 영과 진리로 예배하라 하셨습니다.
영으로 드리는 예배는 믿음의 예배, 순종의 예배, 사랑의 예배라 말할 수 있습니다.
믿음의 예배는 나의 만족이 아닌 하나님이 만족하는 예배입니다.
순종의 예배는 핑계와 변명이 아닌 하나님의 말씀을 듣고 따르는 예배입니다.
사랑의 예배는 예배의 출발이 하나님을 사랑하고 신뢰하는 마음입니다.
하나님을 사랑하고 심뢰함으로 하나님을 예배하는 것입니다.
진리로 예배하는 것은 내 소리는 줄이고 하나님의 음성을 듣는 것입니다.
진리의 예배는 내 신념 내 생각을 버리고 오직 하나님의 말씀에 귀를 기울이는 것입니다.
예배는 나의 가장 소중한 것을 드려야 합니다. 하나님께서는 나의 소중한 것, 나의 약한 것, 나의 아픈 것을 받기원하십니다.
아브라함에게 하나님이 원하신 것은 가장 사랑하는 아들, 이삭이었다는 것을 기억하십시오.
변하지 않는 진리에 생명을 걸어야 합니다.
예배에 승부를 거십시오. 예배로 끝까지 인정받는 사람이 되십시오.

〈2022.11.14. 설교 말씀 中〉

다시 말씀으로 +37

요한복음 8장 11절

... 예수께서 이르시되 나도 너를 정죄하지 아니하노니 가서 다시는 죄를 범하지 말라 하시니라

"어제까지 받은 용서로, 오늘 사명을 살라."
영국에 스포스츠라는 죄수는 징역 40년을 선고받고, 복역 중 크고 작은 문제로 50대씩 8번의 태형을 받았습니다. 그가 교도소 생활을 마쳤을 때도 변한 것은 없었습니다.
출소 후 갈 곳이 없는 스포스츠는 구세군 보호소에서 하루를 보내기로 합니다.
그런데 마침 그곳은 전도 집회 중이었습니다. 스포스츠는 그 집회에서 성령을 체험하고 죄 사함을 받고 거듭나게 되었습니다. 그 후 14년 동안 자신과 같이 교도소에서 출소하여 갈 곳 없는 사람들을 섬기다가 생을 마감했습니다. 그는 "나는 40년 교도소에서 생활하였고 가죽 채찍으로 400대를 맞았지만 달라지지 않았습니다. 하지만 나는 복음 앞에 말씀 앞에 단 몇 분만에 모든 것이 변했습니다." 여러분 자신에게 물어보십시오. 거듭나셨습니까? 복음 앞에서 말씀 앞에서 모든 것이 변화되었습니까?
오늘 죄사함 받고, 용서받고, 거듭나야 한다는 것을 기억하십시오. 현장에서 간음하다 잡힌 여인이 밖으로 끌려 나와서 죽기 직전의 위기를 맞이했습니다. 사람들은 모두 손에 돌을 들고 쳐서 죽일 기세입니다. 이 사건에서 세 가지의 인물이 등장합니다.
첫째는 간음하다 현장에서 잡힌 여인입니다. 둘째는 그 여인을 찾아서 끌어낸 서기관과 바리새인들입니다. 셋째는 돌을 들고 서 있는 사람들입니다. 여인이 간음한 것은 죄입니다. 그리고 여인의 죄를 판단하고 정죄하고 여인을 이용해 예수님을 넘어뜨리고자 한 서기관과 바리새인들 또한 죄인입니다. 돌을 들고 서 있는 사람들도 죄인입니다.
율법대로 살았다고 자부하면서 자신의 죄는 보지 못하기 때문입니다.
모두 죄인입니다. 우리가 오늘 기억해야 할 것이 무엇입니까? 첫째, 나 역시 죄인임을 잊지 말아야 합니다. 내가 죄인인 것을 고백하고, 기억해야 합니다. "죄 없는 자가 먼저 돌로 치라."
이 말씀은 여인이 죄 없다고 하신 것이 아니라, 모두가 죄인임을 말씀하시는 것입니다.
먼저 죄인임을 인정해야 예수님께서 죄인들에게 주시는 은혜, 죄사함이 있고 거듭남이 있습니다. 둘째, 가서 새로운 사명으로 살아야 합니다. 죄의 노예로 살지 말고 은혜의 사명자로 살아야 합니다. 우리는 어제까지 하나님 앞에 용서받은 자입니다. 이제 새롭게 살아야 할 사명이 있습니다. 여인을 정죄하려던 사람들은 나이 많은 사람부터 젊은이까지 모두 자리를 떠났습니다. 우리는 정죄할 권한이 없습니다. 정죄는 마귀가 하는 것입니다.
예수 그리스도 안에서 결코 정죄함이 없습니다. 예수님께서 여인에게 하신 말씀은 "가라"입니다. 이제는 용서받은 은혜로 살라 말씀하십니다.
우리에게도 말씀하십니다. "가서 허물을 덮어주고, 용서하고, 섬겨주는 자의 삶을 살라."

⟨2022.11.15. 설교 말씀 中⟩

다시 말씀으로 +38

요한복음 8장 32절

진리를 알지니 진리가 너희를 자유롭게 하리라

"은혜받은 자여, 자유 하라."
예수님을 따르기로 한 사람들에게 예수님께서는 환난과 핍박과 고난이 예비 된 세상에서 어떻게 살 것인지를 물으셨습니다.
소유하면서 살 것인가? 나누면서 살 것인가? 이기적으로 살 것인가? 섬기면서 살 것인가?
나는 진짜인가? 가짜인가? 내가 가짜인지 진짜인지는 주님도 아시고, 나도 알고 세상도 압니다. 마가복음 5장에 거라사인 지방에 군대 귀신 들린 사람이 등장합니다. 불안하고 고통스럽고 절망스럽습니다. 외롭고 허무한 인생입니다. 예수 그리스도가 주는 평안은 없습니다. 우리를 돌아보아야 합니다. 나 자신을 다스리는 것이 무엇입니까?
나를 자유롭지 못하고 불안하게 하고 두렵게 하는 것이 무엇입니까? 세상에 나가면 내가 성령에 매인 사람인지, 죄에 매인 사람인지 드러나게 되어 있습니다. 우리에게 율법을 주신 이유는 우리의 죄를 드러나게 하심입니다. 그 죄를 보고, 죄인임을 인정하고, 하나님의 은혜를 구하고 말씀대로 살기를 원하셨습니다.
하지만 우리는 그 죄를 발견하면 그것을 치장하고 포장하고 숨깁니다. 해결하려 하지 않습니다. 하나님께 죄사함 받아야 자유 합니다. 죄가 주는 자유는 방종에 불과합니다. 죄를 벗어버리고, 하나님을 섬기기로 하고 하나님을 기쁘시게 할 때 진정한 자유, 진정한 평안이 찾아옵니다.
모든 인생은 바울이 말했듯이 "육신의 정욕과 안목의 정욕과 이생의 자랑"에 매여 삽니다.
자기 자랑, 자시 유익, 자시 욕심에서 제외된 사람은 없습니다.
오늘 예수님께서는 "진리를 알지니 진리가 너희를 자유롭게 하시라" 말씀하십니다.
은혜받은 자는 은혜가 무엇인지 압니다. 은혜받은 자들은 조용히 자신의 것을 내려놓습니다. 자기를 포기합니다. 참 자유를 누립니다.
삶은 변화 됩니다. 예수 안에 사는 것이 중요합니다.
믿음으로 사는 것이 중요합니다. 믿음이 말씀이고 믿음이 기도입니다.
말씀 따라 살고 말씀으로 기도해야 예수 안에 거할 수 있습니다.
예수 안에 거할 때 더 내려놓고, 더 포기하고 더 덜어낼 수 있습니다.
이것이 참자유입니다. 우리가 성령에 매이고, 믿음이 깊어지고, 말씀이 깊어지면 세상에서도 자유 합니다. 참 자유를 누리십시오. 주께서 주시는 평안과 기쁨과 자유를 누리시기 바랍니다.

〈2022.11.16. 설교 말씀 中〉

| 7부 | 열 번째 2022 가을 42일 특별새벽부흥축제 설교

다시 말씀으로 +39

요한복음 10장 11절

나는 선한 목자라 선한 목자는 양들을 위하여 목숨을 버리거니와

"내 인생의 나침반은 예수밖에 없다." 성경은 이 땅을 광야로 표현합니다.
광야는 철저한 준비가 무용지물이 되는 곳입니다. 광야에서 필요한것은 나침반입니다.
나침반이 완주하게 합니다. 여러분은 어떤 나침반을 가지고 계십니까?
우리의 인생의 나침반은, 우리 인생의 인도자는 예수밖에 없습니다.
우리는 목자이신 예수님을 통해서 생명을 얻고 누릴 수 있습니다. 우리는 목자이신 예수님의 음성을 들어야 합니다.
그래야 도둑과 이리가 넘쳐나는 세상에서 안전할 수 있습니다. 예수님은 자신을 선한 목자라 말씀하시면서 삯꾼 목자의 이야기를 하셨습니다. 선한 목자는 양을 위해서 목숨을 버리지만, 삯꾼 목자는 도망갑니다. 삯꾼은 고용된 목자입니다. 그들에게는 희생과 사랑은 없고 오직 대가와 이익만 추구합니다.
선한 목자는 양의 이름을 알고, 이름을 불러 인도합니다. 양은 목자의 음성을 압니다.
그리고 목자를 따릅니다. 목자가 양을 알고 양이 목자를 압니다.
중요한 것은 나를 아시는 예수님을 나도 알아야 합니다. 우리는 이름을 불러 인도하시는 예수님의 음성을 들어야 합니다.
이 본문을 통하여 기억해야 할 것 첫 번째는 내가 양이라는 사실입니다. 나는 양입니다. 우리는 양입니다. 양의 특징은 눈은 어둡고 귀가 밝다는 것입니다. 양은 잘 보이지 않아도 목자의 음성을 듣고 돌아옵니다. 우리는 어두운 눈 때문에 목자가 필요합니다. 나는 양이기 때문에 목자가 필요합니다. 예수님은 우리를 위해서 목숨을 버리신 선한 목자이십니다. 오직 예수만이 우리의 목자가 되심을 기억하십시오.
삯꾼은 대가를 바라지만 선한 목자이신 예수님은 대가를 바라지 않으셨습니다.
예수님이 원하시는 것은 마음입니다.
우리를 끝까지 인도하시고 보호해주시는 분은 예수님밖에 없다는 사실입니다.
이 본문을 통하여 기억해야 할 두 번째는 목자의 마음입니다. 예수 그리스도의 마음이 무엇입니까? 예수님의 마음은 불쌍히 여기는 마음입니다. 예수님의 모든 사역의 출발은 긍휼히 여기는 마음입니다. 예수님께서 바라시는 것은 우리가 서로 붙잡아 주고, 서로 세워주기를 바라십니다.
예수님께서는 우리의 목자가 되셨듯이 서로를 돌보고 세우기를 원합니다. 예수님의 마음을 품으십시오. 선한 목자이신 예수님을 따르십시오. 예수님의 음성, 말씀에 귀를 기울이십시오. 매일 죽고, 매일 희생하고, 매일 내려 놓음으로 선한 목자의 사명을 감당하시기 바랍니다.

〈2022.11.17. 설교 말씀 中〉

다시 말씀으로 +40

요한복음 14장 6절

예수께서 이르시되 내가 곧 길이요 진리요 생명이니 나로 말미암지 않고는 아버지께로 올 자가 없느니라

"예수를 믿는 것이 가장 확실한 미래이다."
예수님께서는 제자들에게 여러 차례 죽음을 예고하셨습니다. 이 말씀이 제자들에게 두려움과 근심이 되었습니다. 예수님께서는 걱정하고 근심하고 염려하는 제자들에게 말씀하셨습니다. "내가 너희를 위하여 거처를 예비하러 가노니" 제자들은 3년 동안 예수님과 함께 살면서 왜 예수님의 말씀을 깨닫지 못했을까요? 그것은 하나님이 뜻보다 자신들의 뜻이 강했기 때문입니다.

하나님의 말씀에 귀를 기울이려는 마음은 없고 말씀보다 더 크게 소리 내면서 살았기 때문입니다. 근심하며 묻는 도마에게 예수님은 말씀하십니다.

"예수를 믿어라. 하나님의 말씀을 좇아가는 것이 보장된 길이다."
본문 6절의 "길이요 진리요 생명이니" 이 구절에는 각 정관사가 붙습니다.
더 정확히 해석하면 "나는 그 길이요 그 진리요 그 생명이니" 입니다. 유일한 길 유일한 진리와 유일한 생명을 의미하는 것입니다.

이 본문은 유대인의 결혼예식을 알면 더 쉽게 이해할 수 있습니다.
유대인들은 정혼을 하고 일 년 후 결혼합니다. 정혼 후 1년 동안 신랑은 신부와 함께 살 집을 짓습니다. 집이 완성될 때쯤 신랑의 아버지는 신랑을 신부의 집으로 보냅니다. 그때 혼인 잔치가 시작됩니다. 신랑 되신 예수님께서는 하늘에서 우리와 함께 살 거처를 마련하십니다. 그리고 반드시 우리에게 돌아오십니다. 신부 된 우리는 예수님이 반드시 다시 오실 것을 믿고 기다리면 됩니다. 이것이 우리의 소망입니다. 오실 예수님을 예배하고 기도하고 사명을 감당하면서 기다리면 됩니다.

이 세상에서 예수님의 신부로 정결하고 거룩하게 살아야 신랑 되신 예수님과 살 자격이 있습니다. 진리는 타협이 없어야 합니다. 진리는 편협하고 옹졸한 것이 아닌 바꿀 수 없는 진리입니다. 하나님에 대한 분명한 태도를 보이십시오. 예수님만이 구원이고 영생입니다. 오직 한 길입니다.

예수님께서는 내가 길이라 말씀하셨습니다. 예수님께서 나의 길 되고 나의 길을 만들어 주십니다. 예수님께서는 이 길을 먼저 가셨습니다. 나는 주님의 길을 따라가면 됩니다. 그 길을 언제까지 갈 수 있습니까? 예수님이 먼저 가셔서 끝난 것이 아닙니다.

우리에게 성령을 보내셔서 함께 걷게 하셨습니다. 근심하지 마십시오.
두려워하지 마십시오. 타협하지 마십시오. 오늘 죽어도 우리는 천국입니다.
우리가 걸어가는 길 끝은 아버지가 예비하신 천국임을 기억하시기 바랍니다.

〈2022.11.18. 설교 말씀 중〉

다시 말씀으로 +41

요한복음 19장 30절

예수께서 신 포도주를 받으신 후에 이르시되 다 이루었다 하시고 머리를 숙이니 영혼이 떠나가시니라

"마지막 다 이루었다고 고백하는 삶을 살라."
예수님의 마지막 말씀은 "다 이루었다"입니다. 시작하는 것보다 더 중요한 것은 끝맺음입니다. 좋은 끝은 하루라도 최선을 다하지 않고서는 이룰 수 없습니다. 실패보다 중요한 것은 최선을 다하는 것입니다. 여러분은 최선을 다하셨습니까? 우리가 더 힘썼다면 후회 없는 끝을 맺을 수 있습니다.

우리는 성경을 두 가지 방법으로 이해할 수 있습니다. 하나는 연역법이고, 다른 또 하나는 귀납법입니다. 연역법은 명제를 통해서 결과를 끌어냅니다. 예를 들면 아브라함은 "믿음의 사람이다. 믿음의 사람은 순종한다. 믿음의 사람 아브라함은 순종했다." 그런데 연역법의 문제는 적용이 불가합니다. 나는 믿음의 사람이 아니기 때문에, 나는 아브라함이 아니기 때문에 순종을 할 수 없다고 말합니다. 귀납법의 성경 해석은 우리를 돌아보게 합니다. 아브라함은 실패했습니다. 아브라함은 믿음으로 고향을 떠났지만, 하나님의 약속을 기다리지 못했습니다. 아브라함은 하나님의 뜻보다 자기 생각을 앞세워 이스마엘을 낳았습니다. 하지만 우리는 아브라함의 인생을 실패자라고 말하지 않습니다. 아브라함은 다시 하나님의 은혜를 깨닫고 하나님께 아들을 바치는 순종의 사람 믿음의 사람으로 거듭났습니다. 모든 것이 은혜의 힘입니다. 은혜를 잊으면 은혜를 떠나면 우리는 "다 이루었다"고 말하는 인생을 살 수 없습니다.

예수님께서는 여인을 통해서 이 땅에 오셨고 가난한 목수로 30년을 보냈습니다.
그리고 자신을 버리고 하나님께서 예비하신 사명의 길로 들어섰습니다.
공생애 3년 동안 고난 가운데 세상의 미움을 받으셨고, 십자가에서 죽으시고 부활하시고 우리의 죄를 사하셨습니다. 이것이 우리에게 소망입니다. 예수님께서는 때로는 절규하셨지만 고스란히 고난 겪으셨고 죽으시고 부활하셨습니다. 예수님께서는 다 이루셨습니다.

예수님께서 말씀하신 "다 이루었다"는 뜻이 무엇입니까? 첫 번째, 말씀의 성취입니다. 구약의 여러 선지자를 통해 선포되었던 예언의 성취입니다.

두 번째, 사명을 다 이루셨습니다. 세상에 오셔서 가르치시고, 고치시고, 천국 복음을 전파하셨고, 죽으시고 부활하심으로 모든 사명을 이루셨습니다. 세 번째, 구원을 이루셨습니다. 완전한 구원입니다. 오직 예수 그리스도를 믿을 때 구원받습니다. 우리는 아브라함과 같은, 모세와 같은, 다윗과 같은 참담한 실패자입니다. 그래서 말씀이 필요합니다. 은혜가 필요합니다. 성령이 필요합니다. 이것을 잊지 마십시오. 매일 최선을 다하여 선한 싸움을 하지 않으면 어떤 것도 이룰 수 없습니다. 우리의 인생이 주님 앞에 말씀으로 은혜로 성령으로 "다 이루었다" 고백하는 인생이 되어야 합니다.

〈2022.11.19. 설교 말씀 중〉

다시 말씀으로 +42

요한복음 21장 22절

... 너는 나를 따르라 하시더라

"욕망이 아닌 하나님의 영광을 위한 목표를 가져라."
인생에서 분명하고 확실한 목표보다 더 중요한 것은 "바른 목표"입니다. 그런데 바른 목표보다도 더 중요한 것은 그것이 하나님을 기쁘시게 하는 목표입니다. 우리는 하나님의 예배자로 하나님의 영광을 위해 살아야 합니다.
삶이 형통하고 성공하고 건강하기를 원하십니까? 이것이 욕망이 되면 안 됩니다.
이것이 욕망이 아닌 하나님의 영광을 위한 것이 되어야 합니다. 예수님께서는 다시 갈릴리로 돌아간 베드로에게 "너는 나를 사랑하느냐?" 하고 세 번을 물으십니다. 이 질문은 스스로 신앙과 믿음을 점검해 보라는 뜻입니다.
예수님께서는 다시 주님만 따르라 말씀하십니다. 주님을 따르는 첫 번째 방법은 먼저 서로를 사랑하는 것입니다. 양을 치고 먹이고 돌보는 것과 같이 예수님의 사랑은 차별 없고 구별 없고 섬기고 돌보고 나누는 사랑입니다. 말씀대로 먼저 다가가고 먼저 사랑해야 합니다.
주님을 따르는 두 번째 방법은 죽음 앞에서도 결단하는 것입니다. 타협하지 않는 것입니다. 믿음은 하루아침에 이루어지는 것이 아닙니다. 오직 하나님을 영광을 위해 사는 것이 예수님을 따라 사는 것입니다. 예수님께서 나를 따르라 하신 말씀은 이미 3년 전, 베드로를 처음 만났을 때 하셨던 말씀입니다. 그때 베드로는 배와 그물과 가족을 버리고 예수님을 따랐습니다. 그런데 베드로는 예수님과 3년 동안 지냈지만, 신앙이 변했습니다. 순종함으로 예수님을 따르던 베드로는 예수님의 죽음에 대한 말씀에 항변하고, 결국 십자가 앞에서 예수님을 부인했습니다.
예수님께서 다시 나를 따르라 말씀하신 것은 베드로의 변한 믿음에 대한 책망입니다. 믿음은 기대가 아니라 은혜입니다. 예수님은 분명하게 말씀하십니다. "나를 따라오너라." 젊은 날 자신을 욕망을 위해 살았지만, 이제는 두 손을 들고 하나님께 항복하고 온 맘으로 따르라 말씀하십니다. 베드로는 또 다른 제자 요한에 관해 물었지만, 예수님은 분명히 말씀하십니다. 다른 사람 보지 말고, "너의 믿음을 지켜라." 믿음은 상대적인 것이 아니라 절대적인 것입니다. 우리의 인생의 목적과 목표는 예수를 따르는 것이어야 합니다. 베드로는 그 후 목적이 분명한 사람이 되었습니다. 사도행전 2장에 성전 미문에 앉은뱅이에게 무엇을 선포했습니까?
"나사렛 예수 그리스도의 이름으로 일어나 걸으라." 말했습니다. 예수 믿는 것이 문제가 되고 핍박이 되고 환난이 되어도 주 예수를 믿는 믿음이 흔들리지 않는 자가 되었습니다. 다시 예수 그리스도의 복음으로, 다시 하나님의 말씀으로 사십시오.

〈2022.11.20. 설교 말씀 중〉

고난의 5년,
100년의 기초를 놓다
"특별새벽부흥축제를 통한 성령의 역사하심"
시화임마누엘 교회 2018~2022년까지

초판발행 2023년 2월 10일

지은이 | 전영기
디자인 | SEED 디자인
펴낸곳 | 이즈컴 출판사
등 록 | 제 2020-000053 호
주 소 | 서울시 중구 충무로13 5층 502호
전 화 | 02-2271-2136
전자우편 | iscomm@iscomm.co.kr
　　　　　 ⓘ iscomm_books

Published by ISCOMM, Printed in Korea
ⓒ 이즈컴, 2020

이책의 저작권은 이즈컴에 있습니다.
저작권법에 의해 보호를 받는 저작물이므로 무단 복제 및 무단 전재를 금합니다.

이 책에 의견이나 오탈자 및 잘못된 내용에 대한 수정 정보는 이즈컴 출판사로 알려주십시오. 잘못된 책은 구입하신 서점에서 교환해 드립니다.

ISBN 979-11-970361-3-2　03230